ANDRÉ MEIER & ANJA BAUM

HOLLERBUSCH
STATT HINDUKUSCH

NEUES VON DER
AUSSTEIGERFRONT

seitenstraßen verlag

Originalausgabe, März 2011
© by Seitenstraßen Verlag GmbH, Berlin
Titelillustrationen: Kathrin Frank
Fotos: André Meier
Satz: Inka Baron
Druck: besscom, Berlin
ISBN 978-3-937088-08-2

Land in Sicht

INHALT

Ihr habt die Uhren, wir haben die Zeit.

ALTE TALIBAN-WEISHEIT

Großstadt? Nein, danke!

VORWORT
ODER DIE FLUCHT AUS DEN HÄUSERSCHLUCHTEN

AM ANFANG stand eine Zahl: 20 191 434. Aber als unser Blick auf die Objektnummer fiel, mit der ein Berliner Immobilienmakler im Anzeigenteil der Wochenendzeitung ein »kleines Bauernhaus in landschaftlich reizvoller Gegend« feilbot, ahnten wir noch nicht, dass diese achtstellige Ziffer schon bald unser gesamtes bisheriges Leben gründlich auf den Kopf stellen würde.

Gerade erst hatten wir uns ein Auto zugelegt. Der alte Passat bot genügend Platz, um einen Kinderwagen zur Not auch ausgeklappt von A nach B zu transportieren. Das war wichtig, denn wir erwarteten ein Kind, und schon beim ersten war es schwierig gewesen, das Geheimnis jenes Klappmechanismus zu lüften, mit dem sich das Gefährt angeblich in Sekundenschnelle flachlegen ließ. Gut und schön, der alte Kinderwagen stammte noch aus der volkseigenen Produktion, doch uns schwante, dass dies nicht allein der Grund gewesen sein wird, dass die Frühphase der ersten Elternschaft mit Blut verschmierten Fingern absolviert wurde. Zwei linke Hände aber sind eine denkbar ungünstige Voraussetzung, um ins Lager der Stadtflüchtlinge zu wechseln. Trotzdem, die trübe Aussicht, auch das zweite Kind zwischen den Häuserschluchten des Prenzlauer Bergs in Berlin aufwachsen sehen zu müssen, ließ uns erstmals über eine Alternative nachdenken.

Wer heute durch das von ElterngeldempfängerInnen meist mit schwäbischem Migrationshintergrund okkupierte Bötzowviertel oder den von Designerbuggys zerfurchten Friedrichshain schlendert, wird es nicht glauben, aber in den frühen Neunzigern waren diese östlichen Distrikte für erholungsuchende Kleinfamilien eine No-Go-Area.

Berlin begann sich damals lärmend und hemdsärmelig seiner einstigen Stellung als Weltstadt zu erinnern. Hunde, die bis dahin nur klein und krummbeinig an der Seite verwitweter Rentnerinnen gesichtet wurden, erfreuten sich plötzlich auch bei verhaltensauffälligen Jugendlichen großer Beliebtheit. Auf wölfisches Widerristmaß angewachsen, lungerten sie nun leinenlos vor Getränkeshops und Lebensmittelgeschäften herum. Nach Ladenschluss und an den Wochenenden traf man sie in Buddelkästen und auf Liegewiesen, die sie ungestraft mit ihren Exkrementen verminten.

Aber noch ärgerlicher als die Hunde waren die Heerscharen von Bauarbeitern, die nun in die östlichen Innenstadtbezirke einfielen, um mit schweren Presslufthämmern den grauen DDR-Putz von den Fassaden zu klopfen.

Unser altes Gründerzeitmietshaus kaufte ein Apotheker. Ohne sich vorher anzumelden, stand er eines Tages mit Frau und Kind in unserer Küche und präsentierte den beiden stolz sein neues Abschreibungsobjekt. Danach ließ er sich nur noch zur Adventszeit im Haus blicken, um die Bewohner mit getopften Weihnachtssternen zu beglücken, bevor er uns Anfang Januar postalisch über die Erhöhung der Kaltmiete informierte. Es war ja nicht so, dass wir dem Mann die Mehreinnahmen nicht gönnten. Aber je mehr wir zahlten, desto

10

schleppender ging die gleich nach dem Besitzerwechsel begonnene Sanierung unseres Hauses voran. Was zur Folge hatte, dass wir in den Jahren 1992 bis 1995 die Sonne ähnlich selten sahen wie Bruno Ganz bei den Dreharbeiten zum »Untergang«.

Es gab ein Drinnen und ein Draußen, und dazwischen hing eine dicke, graugrüne Baufolie, die von Monat zu Monat lichtundurchlässiger wurde. Hin und wieder zogen ein paar polnische oder kurdische Männerwaden am Küchenfenster vorbei. Ansonsten aber diente das Baugerüst vor allem unserer Ältesten, um unbemerkt der elterlichen Aufsicht zu entfliehen.

Verständlich also, dass wir wenigstens an den Wochenenden der tristen Dunkelheit entfliehen wollten und uns im hauptstädtischen Umland nach einem lichten Ruhepol umzusehen begannen.

Das Exposé 20 191 434 verhieß Erlösung: eine kleine, gerade noch bezahlbare Bauernkate, sonnenbeschienen und in nahezu menschenleerer Gegend.

Von der Idee, das Häuschen allein als Ferien- und Wochenenddomizil zu nutzen, nahmen wir schon bald Abschied. Zu oft standen wir im Stau, zu hoch waren die Kostenvoranschläge, die uns die Handwerker für die Sanierung der vom Zahn der Zeit angenagten Immobilie servierten.

Um den Jahrtausendwechsel herum nahmen wir schließlich den letzten Weihnachtsstern, warfen ihn in den Umzugswagen und gaben unsere Berliner Schlüssel ab.

Seither haben wir zwei Ziegen, sechs Schafe, siebzehn Kaninchen, vierunddreißig Hühner und fünf Hähne alleine aufgezogen und aufgegessen. Wir haben gelernt, Käse zu machen, Schnaps zu brennen und im Winter um zehn ins Bett zu gehen. Es gibt einen Hund, zwei Pferde, vier Katzen und unseren festen Entschluss, diese sieben nicht auf dem Teller landen zu lassen. Schon mit Rücksicht auf die Kinder, deren Zahl inzwischen auf drei angewachsen ist und von denen zwei noch immer mit uns das Aussteigerlos teilen müssen.

Wer jetzt findet, das alles schmeckt ihm zu sehr nach autoreferenzieller, mit tierischen Fetten angereicherter Aussteigerprosa, sollte lieber die Finger von diesem kleinen Werk lassen. Denn was auf den nun folgenden Seiten zu Papier gebracht wurde, ist nicht mehr als das Logbuch unseres frei gewählten und inzwischen über ein Jahrzehnt andauernden dörflichen Exilantendaseins. Reflexionen aus den Untiefen des weitläufigen Berliner Rapsgürtels, ohne Anspruch auf Allgemeingültigkeit und bar jeder Vorbildfunktion.

Und noch etwas. Dieses Buch hat zwei Autoren und will diesen Tatbestand auch nicht unter den Teppich kehren. Im Gegenteil. Dass hier ein und dasselbe Phänomen aus zwei Perspektiven, nämlich aus männlicher Neubauernsicht (Meier) und aus weiblicher Neubäuerinnenperspektive (Baum), beschrieben wird, kann für den geneigten Leser oder die geneigte Leserin nur von Vorteil sein. Schließlich – so lehrt uns die griechische Mythologie – war es mit der Zeus-Schwester Demeter eine durch und durch feminine Gottheit, die den jungen Triptolemos in die Geheimnisse des Ackerbaus einführte. Eine schweißtreibende, männliche Strafarbeit machte daraus dann erst die Bibel, die bei der ersten Erwähnung des

Wortes Acker selbigen sogleich von Gott mit Dornen und Disteln übersäen ließ. (1. Mose 3,17)

Wir finden das ausgesprochen unfair und lassen diese Stigmatisierung der Garten- und Landarbeit als Resozialisierungsmaßnahme für disziplinlose Apfelesser ebenso wenig gelten wie die Verteufelung des Feldes als blutigen Tatort des ersten Brudermords.

Nein, so lieb und teuer uns die jüdisch-christlichen Wurzeln unserer Kultur auch sind, in dieser kleinen Schrift wird der strenge alttestamentarische Blick von weiblicher Hand liebevoll geweitet. Deshalb wird der Freund ländlicher Lebensweise in diesem Buch nicht nur schonungslos über die Pein des Aussteigerlebens unterrichtet, sondern bekommt auch jede Menge praktischer Garten- und Erziehungstipps.

Neben geistesgeschichtlichen Kurzexkursen über den tieferen Sinn des Dorflebens reihen sich mit Empathie gefüllte Kapitel über das wohlige Verschmelzen von Mensch und Misthaufen, von Frau und Frühbeet. Womit sich das vorliegende Werk, so unser nicht ganz uneigennütziger Wunsch, einen festen Platz in den Shabby-Chic-Regalen dieser Republik erobern könnte.

Es kommt der Tag ...

DIE FARM DER TIERE
ODER VOM SCHWEREN LEBEN OHNE MAUER UND STACHELDRAHT

ER: Ein Hof ohne Tiere ist wie Weihnachten ohne Baum. Nüchtern betrachtet, ist beides entbehrlich. Nehmen wir nur einmal die Tanne. Ein schönes Exemplar ist kaum noch unter fünfzig Euro zu bekommen. Und glauben Sie ja nicht, mit einem Wald vor der Tür könnte man diese Kosten sparen. Fünf Jahre lang bin ich mit den Kindern und der Axt Weihnachtsvormittag für Weihnachtsvormittag losgezogen, um unser neues dörfliches Dasein mit einem zünftigen Selfmade-Fest zu krönen. Hausgeschlachtete Gans, handgezogener Grünkohl, selbstgebrannter Schnaps und – der illegal im winterlichen Morgengrauen gefällte Baum.

Nur, wenn wir dann – nass, durchgefroren und völlig zerkratzt – wieder heimkehrten, war es mit dem Zauber schnell vorbei. Gegen das Hohngelächter der Neubäuerin kam nicht einmal die Weihnachtsmusik aus dem Radio an. »Krücke«, »Gurke«, »Krüppel«, spottete die Gattin, während sie die Wunden des heulenden Nachwuchses mit Jod bepinselte und George Michael im Radio wieder und wieder »Last Christmas« jaulte.

Wie gesagt, fünf Jahre ging das so, dann streckte ich die Waffen und holte die Tanne von der Tanke. Nicht sofort, denn vorher haben wir es noch einmal unter Aufsicht des Försters probiert. Aber auch das war eine Pleite. Selbst mit einem fachkundigen Führer war in unserem Forst kein wirklich gerade gewachsener und gleichmäßig begrünter Baum aufzutreiben. Alles, was wir im Wald fanden, waren von Rot- und Schwarzwild geschundene, von Frühlings- und Herbststürmen zerzauste oder vom Eisbruch verunstaltete Nadelgewächse.

Klar, es geht auch ohne. Man muss sich nicht den halben Vormittag über wacklige Weihnachtsbaumständer und kaputte Lichterketten ärgern, und die klebrigen Harzflecken auf Hemd und Hose fallen ebenfalls weg. Nur, wer so denkt, kann sich an Heiligabend auch gleich in eine Kreuzberger Dönerbude setzen. Mit ordentlich Knoblauchsoße, reichlich Zwiebeln und einem Sixpack ließe sich dort solch eine familien- und konsumklimaunfreundliche Festtagsverweigerungshaltung bestens zelebrieren.

Also, wer B wie Baum sagt und einen Hof besitzt, muss auch HHK sagen: Ja zu Hund, Huhn und Katze.

Sicher, auch diese Geschöpfe brauchen viel Zuwendung, machen ebenfalls Flecken und Schrammen. Trotzdem, wer auf Viehzeug verzichtet, degradiert seinen Hof zum Schrebergarten, ist bestenfalls Kurgast, aber nie und nimmer ein echter Landmann.

SIE: Es war ein verdammt niederschmetterndes Ergebnis der ersten eigenen Hühneraufzucht. Von sieben im Sommer geschlüpften Küken ist uns nur eine Henne geblieben. Der Rest fiel den um unseren Hof herumstreunenden Raubtieren zum Opfer. »Die waren fast selbst gebrütet«, seufzte der Mann und rührte missmutig in seinem Kaffee, »das schmerzt doppelt.«

Sie hatten alles von ihm bekommen: ein Extrakindergatter zum Schutz vor den Katzen und der eifersüchtigen Verwandtschaft. Morgens gab es Haferflockenbrei mit frisch gepflückten Brennnesselblättern. Groß genug, wurden die Junghühner in die Hackordnung ihrer Federtruppe entlassen. Doch zum Abend folgten sie nicht etwa Vater Hahn in den schützenden Stall, nein, sie suchten sich ein lauschiges Plätzchen in unseren Pflaumenbäumen, hüpften behände von Zweig zu Zweig, als hätte es achttausend Jahre Domestikation nie gegeben. Das wurde ihnen zum Verhängnis.

»Sie sind selbst schuld«, versuche ich meinen Hobby-Züchter zu trösten, »sie wollten zu viel Freiheit.« Auch als er die Zäune höher baute, und auch als er ihnen unter Tränen die Flügel stutzte, sie schafften es immer wieder nachts auf die Bäume. »Ha, Freiheit«, seufzt mein geknickter Neubauer und greift in seine reich bestückte Zitatenkiste: »Die Freiheit, Frau, ist doch auch immer die Freiheit der Andersfressenden! Marder, Habicht und Fuchs, sie alle lauern doch nur auf einen, der sich zu weit vorwagt.«

Etwas ratlos stochere ich in meinem Frühstücksei herum: »Und was willste nun machen, kannst sie ja nicht den ganzen Tag im Stall einsperren.« »Nö«, richtet sich der Mann wieder auf, »es gibt ja noch andere Möglichkeiten: Mauer, Stacheldraht, ein Schutzwall aus Beton rings um den Hühnerauslauf …«

Ich spüre, wie der bäuerliche Misserfolg den Mann zu politisch nicht korrektem Sarkasmus treibt. Und so bin ich fast erleichtert, als unser neunmalkluger Nachbar Dieter seinen Kopf zur Tür reinsteckt. »Vermisst ihr was?«, fragt er grinsend in die morbide Morgenstimmung. »Eure Junghühner haben bei mir Asyl beantragt, doch mein Stall ist jetzt schon zu voll. Vielleicht solltet ihr ihnen einfach mal was Gutes gönnen«, kicherte er und drückte uns eine Tüte Legehennenmehl in die Hand. Neugierig studierten wir den Beipackzettel: »Gute Legeleistung durch gute Aminosäurenausstattung«, wurde da versprochen, »Vitalität durch ausreichende Spurenelemente und Vitamine, Farbenpracht und schöne Dotterfarbe durch hohen Pigmentgehalt« ebenso. Und auch wenn von einer nachhaltigen Unterdrückung des Stallfluchttriebs auf der Tüte nicht die Rede war, hatte Dieter recht. Eine Tasse dieses unheimlichen Pulvers genügte pro Tag, um uns nicht nur eine wahre Eierschwemme zu bescheren, sondern auch den umtriebigen Geflügelnachwuchs endlich zur Anerkennung der bestehenden Grenzen zu bringen.

Dabei blieb es auch, als wir Dieters billigen Baumarktmix unbekannter Herkunft durch ein bayrisches Bio-Produkt ersetzten. Jedenfalls solange der Schnee den Hof bedeckte. Aber kaum bohrte sich der erste grüne Halm durch die weiße Decke, brach erneut das Chaos aus. Jetzt war es nicht das Grundstück des Nachbarn, das die Vögel heimsuchten, sondern mein bestes Stück, unser Zier- und Gemüsegarten. Und das musste verhindert werden. Schließlich hab ich nicht umsonst 200 Löcher für meine Mischung historischer Krokussorten gebohrt.

»Schaff die Hühner in den Stall!«, forderte ich erzürnt vom Mann, der noch in seinen dicken Filzstiefeln steckte. Wieder einmal begann der alte Dauerstreit hochzukochen: Tier oder Pflanze – wem gebührt der Vorrang auf dem Hof.

»Lass doch den Tieren auch ein bisschen Rohkost«, versuchte der Neubauer mich zu erweichen. Auch für sie sei der Winter kein Zuckerschlecken gewesen. Und wer weiß, wie viel Dioxin in dem Legehennenmehl steckte, mit denen wir ihnen über die kalte, lichtarme Zeit helfen mussten. »Gönne ihnen doch die kleine Entgiftungskur in deinem Garten. Immerhin schenken sie dir seit Monaten schon jeden Tag ein Ei.«

Sicher, das möchte ich auch gar nicht missen. Dennoch poche ich auf professionellen Grenzschutz: schlupfsichere Zäune, am besten mit Strom. »Oder haben etwa nicht gerade die Pferde meine fünf Jahre alte Wildbeerenhecke abgekaut?«, eröffne ich eine schmerzliche Schadensbilanz unserer jungen bäuerlichen Existenz. »Und was ist mit den Weidenstecklingen – entrindet bis zum Erdboden von den Ziegen. Und der Flieder am Zaun zum Nachbarn, runter genagt von dessen Schafen.« Mein Mitleid für eingesperrtes Nutzvieh hält sich in Grenzen. »Denk an Frau Weber«, rufe ich warnend zum Mann. Fünf Jahre lebte sie mit uns gemeinsam im Dorf, und regelmäßig hackten ihr die freilaufenden Hühner der Nachbarn den Gemüsegarten kurz und klein. Jetzt hat sie die Nase voll und bepflanzt nur noch ihren Balkon in Berlins bester City-Lage. »Wenn du nicht willst, dass ich auch wieder in die Stadt abhaue«, appelliere ich an den Neubauern, »mach die Zäune dicht!«

DER MÜLL, DAS DORF UND DER TOD
ODER VON GELBEN SÄCKEN
UND BLAUEN LATSCHEN

SIE: Stille war bei der Wahl unseres Aussteigerdomizils die oberste Prämisse. Keine Durchgangsstraße durfte durchs Dorf führen, keine Autobahn am Horizont aufblitzen, ja selbst die Existenz eines örtlichen Posaunenchores hätte der Mann als unerträgliche Beeinträchtigung des Wohnkomforts angesehen. Und es gibt tatsächlich Freunde, die, wenn sie sich auf unserem Hof vom hektischen Treiben der Großstadt erholen wollen, über Schlafstörungen und Panikattacken klagen, weil das Einzige, was sie in ihrem Gästebett hören können, die Betriebsgeräusche ihres eigenen Körpers sind. Für solche Fälle hat der Neubauer den Soundtrack eines jener S-Bahnvideos im Schrank, die in den Neunzigern nachts im Berliner Regionalfernsehen liefen.

Aber die Abwesenheit von Lärm heißt noch lange nicht, dass wir unser Aussteigerleben in aller Ruhe und bar jeder Anteilnahme genießen können.

Wer nämlich glaubt, abseits der Metropolen zurückgezogen und anonym sein Dasein fristen zu können, irrt gewaltig. Schon ein paar Jahre auf dem Land reichen aus, um aus einer unbekannten Zuzüglerin eine gläserne Existenz zu machen. In der Kreissparkasse outet mich die Mitarbeiterin, noch bevor ich meinen Verrechnungsscheck über den Tisch reichen kann, als Halterin eines rumänischen Billigautos. »Ich

Es geht auch anders

kenne Sie«, ruft die Sparkassenangestellte triumphierend, »Sie fahren jeden Morgen an mir vorbei – in Kleptow mit dem Dacia. Genau«, sagt sie mit einem Blick in den Computer, »sie wohnen in diesem hübschen Dorf hinter der Brücke.« Ich wedele ungeduldig mit meinem Scheck. Sie aber hat noch Fragen. Jetzt, wo sie mich kennt: Blaues oder gelbes Haus? Tagesmutti Inge oder Kita »Storchennest«? Und die Pferde auf der Koppel, gehören die alle Ihnen? Sprachlos vor so viel distanzloser Neugier verlasse ich das Geldinstitut.

Darf denn hier eigentlich jeder einfach in mein Privatleben gucken, oder habe ich womöglich gar keine Intimsphäre mehr, seit ich quasi auf dem Acker wohne? Vielleicht übersah ich ja im Kleingedruckten des Hauskreditvertrags einen Passus, der regelt, welche meiner Aktivitäten ich zuerst mit der Bank abstimmen muss? Möglicherweise meinen Urlaubsantritt oder die Vorgartenbegrünung?

Überhaupt, der alte 68er Spruch, nach dem auch das Private politisch sei, scheint hier auf dem Land seine volle Bestätigung zu erfahren. Irgendjemand steht hier immer vor der Tür und lässt den Mantel der Geschichte flattern. Angefangen hat es mit einer kleinen Schar rüstiger Senioren, die ich eines Sonntagmorgens zwischen meinen Erdbeerpflanzen antraf. Sie gehörten, wie sich herausstellte, zu den heimatvertriebenen Ostpreußen, die nach dem Krieg für kurze Zeit in unserem Dorf Unterschlupf fanden. Nun glichen sie heftig diskutierend unsere Beeteinfassungen mit den Grenzverläufen ihrer Kindheit ab. Vor ihnen waren bereits die sächsischen Aufbauhelfer der Genossenschaft für Rinderzucht vorstellig geworden. Und nun sind es schon die Bekannten der ehemaligen Hausbewohner, die frech duzend in die Toilette stürmten und meinten, die dicke Kreuzspinne über dem Spülkasten kennen sie auch noch von früher.

Wenn das hier so weitergeht, werde ich noch jubelnd am Straßenrand stehen, wenn eines Tages der Street View Spähwagen von Google auch durch unser Nest rollt. Geheimnisse hab ich ohnehin keine mehr.

Aber mehr noch als durch diese lückenlose Observation fühle ich mich durch jene Art von Bevormundung genervt, mit denen die Landkreisbehörde meinen Aussteigeralltag zu reglementieren versucht.

Nehmen wir nur einmal den Müll, den pünktlich vor die Tür zu stellen ich mit schöner Regelmäßigkeit verpasse.

»Na, wieder mal verschlafen? Pech, meine Liebe, der Sack ist weg!« Das war Dieter, und der Sack heißt mit Vornamen »der Gelbe« und ist Teil des dualen Systems. Auch wir Dörfler trennen den Müll. Es gibt eine Blaue Tonne fürs Papier, einen Hausmüllbehälter für 60, 80 oder 120 Liter und den Gelben Sack. Für jedes dieser Behältnisse existiert ein gesonderter Entsorgungstermin.

Dieser steht im Abfallkalender, der am Anfang eines Jahres an alle Haushalte verteilt wird. Dieter braucht keinen Kalender, er hat die Daten im Kopf oder im Urin, wie mein Mann meint. Dieter ist nämlich zuverlässig, korrekt und stets pünktlich.

Da unser Abfallkalender bereits spätestens am Aschermittwoch unauffindbar ist, haben wir uns daran gewöhnt, den Nachbarn als personifiziertes Müllentsorgungsvorwarnsystem anzusehen. Ohne Dieter, so viel steht fest, würden wir im Dreck versinken. Der morgendliche Blick hinüber zu seiner Hofeinfahrt gehört längst zum Tagesablaufprogramm wie das anschließende Zähneputzen. Je nachdem, welcher Recyclingbehälter vor Dieters Tür leuchtet, zerren wir unseren Haus-, Plaste- oder Papiermüll aus der Garage raus – in der Hoffnung, dass das Räumkommando noch nicht durch ist.

Doch die Sache hat einen kleinen Haken. Denn egal ob Müllauto, Gelbsack- oder Blautonnentransporter, sie alle haben eins gemein – sie kommen zu nachtschlafender Zeit. Wer bis 6.30 Uhr den Dreck nicht vor sein Hoftor stellt, hat den Schaden und muss sich auch um den Spott nicht sorgen.

Dieter, der sein Tagwerk selbst als Frührentner gerne noch vor dem ersten Hahnenschrei beginnt, weiß, wo mein wunder Punkt sitzt. Denn trotz zehnjährigen Landlebens tickt meine innere Uhr noch immer im Rhythmus der Großstadt. Erst recht, wenn mein Neubauer wieder einmal auf Reisen ist und nicht als verlängerter Arm des Weckers dienen kann.

Ich gestehe, als Soloschläferin läuft bei mir vor 8 Uhr nix! Und da sind alle Messen gelesen beziehungsweise alle Gelben Säcke aus dem Dorf verschwunden. Bis auf – meine! Die liegen noch immer in der Garage, ebenso wie die von dem verschlafenen Termin drei Wochen zuvor. Zum Glück war der Frühling kalt und regnerisch, aber jetzt, wo die Sonne tatsächlich ernst zu machen droht, beginnt es langsam zu riechen. Das ist nicht nur schlecht für die eigene Nase, sondern auch für die dörfliche Street Credibility, sprich Glaubwürdigkeit. Wie kann ich mich da noch aufrechten Hauptes an die Spitze der Anti-Schweinemast-Bewegung stellen, wenn es aus der eigenen Garage müffelt wie aus dem Güllebecken einer Großviehanlage.

ER: Inzwischen bin ich der festen Überzeugung, dass jedes Dorf seinen Dieter hat. Auch wenn er in anderen Nestern vielleicht Detlef, Durs oder Doris heißt, unter den Bewohnern findet sich immer einer, der sein Leben nach der Stechuhr ausrichtet. Einer, der um 10 Uhr schon mit Mahlzeit grüßt und seine Befriedigung darin findet, einem die eigene Schlampigkeit so richtig ins Bewusstsein zu hämmern. Oder – was noch schlimmer ist – die der eigenen Gattin. »Die Frau, hat es wohl wieder nicht gepackt?«, war alles, was Dieter sagte, als ich nach Wochen in der Fremde heimkehrte und meinen Wagen krachend in einen Berg gelber Säcke setzte. Ich vermute, er hat den ganzen Abend am Fenster verbracht und darauf gelauert, mich endlich in die Dorfstraße einbiegen zu sehen. Jedenfalls kam er nach dem Knall sofort aus seiner Tür gesprintet, die blau-weiß gestreiften Adidas-Badelatschen noch an den Füßen, die ihm als Hausschuhe dienen.

Farblich passten die zwar zu seiner ausgebeulten Trainingshose, aber leider nicht zum Wetter. Es goss wie aus Kübeln, und die weißen Tennissocken unseres wachsamen Nachbarn verfärbten sich langsam grau.

Mir ist bis heute schleierhaft, warum Millionen deutscher Männer nach Feierabend ohne Not in Funken schlagende Kunststoffanzüge und schweißtreibende PVC-Latschen schlüpfen. Wenn ihre Wohnzimmer wie die Umkleidekabine der Spielvereinigung Unterhaching möbliert wären, könnte man das ja noch verstehen. Aber dem ist nicht so. Dieter zum Beispiel liebt es wuchtig barock und bodenständig. Neulich erst hat er extra einen Tischler kommen lassen, um den neuen 52-Zoll-Flachbildschirm in seine alte Quelle-Nussbaumwohnwand einpassen zu lassen.

Der Umstand, dass er dieses teure Spielzeug links liegen ließ, um mit mir bei strömendem Regen über das mediterrane Naturell der Neubäuerin zu diskutieren, sagt einiges über die deutsche TV-Landschaft und noch mehr über Dieter aus.

»Du wirst dir einen Schnupfen holen«, grummelte ich und beeilte mich mit einem »Schönen Abend noch!«, ins Haus und in meine Filzpantoffeln zu kommen.

Anders als Dieter bevorzuge ich in den eigenen vier Wänden eher unsportive Kleidung. Eine alte Jeans, ein labbriges T-Shirt oder ein warmer Pullover, alles in Schwarz oder Grau.

»Zieh dir doch mal was Helles an!«, fordert regelmäßig die Gattin, die Farben bevorzugt, die vermehrt im Gefolge des Dalai Lama auftauchen. Vielleicht sollte ich ihr einen Papagei zu Weihnachten schenken, der wäre nicht nur schön bunt, sondern könnte auch gleich nach Silvester die Termine aus dem Abfallkalender auswendig lernen. Und wenn das den Vogel überfordert, stellen wir ihn ans Fenster und trimmen ihn darauf, »Dieter, Dieter!« zu krächzen, sobald der Nachbar die Blaue Tonne oder den Gelben Sack vor seine Einfahrt schleift.

DIE STIEFEL DER ANDEREN
ODER WARUM JAMMERN
KEINE GESCHLECHTERGRENZEN KENNT

ER: Der November mag einem Stadtflüchtling ja einiges bieten, aber die Chance auf einen unbeschwerten dörflichen Herbsttag kaum.

Der Sturm lässt das Gebälk bedrohlich knarren, der Regen peitscht, und über dem Gehöft zieht ein riesiger Krähenschwarm seine Kreise, bevor er sich mit heiserem Kampfgeschrei auf Baumanns Renette stürzt.

Wer jetzt denkt, diese Renette sei vielleicht des Nachbarn Tochter und dieses Buch auf dem Weg, ins Splatter-Genre abzugleiten, liegt schief. Das Fleisch, in das sich die Krähenschnäbel an diesem lausigen Novembermorgen unbarmherzig bohren, ist zwar ebenfalls jungfräulich, zart und mit viel Herzenswärme herangezogen, doch weder rot noch menschlicher Natur. Nein, was die schwarzen Eindringlinge jetzt auf unsere Obstbaumwiese spritzen lassen, ist der Saft unserer Lageräpfel.

»Herrgott!«, schluchzt die Frau, »hätten wir sie doch bloß schon am Wochenende in den Keller gebracht!« Ich ziehe die Stirn kraus, weil ein »Wir« hier völlig fehl am Platze ist. Denn während ich am Samstag und Sonntag die letzten unserer zwanzig Festmeter Holz kleingehackt und zu Meilern gestapelt habe, weilte die andere Hälfte dieses »Wir« beim Herbsttreffen ihrer Frauen-Yogagruppe. Nur, um dann zur »Tatort«-

Zeit mit einem Muskelkater heimzukehren und bei laufendem Fernseher lauthals Klage zu führen. Und zwar darüber, dass alle ihre Freundinnen schon neue, gefütterte Stiefel anhätten, während »wir« noch immer nicht wüssten, wohin die Kiste mit den Wintersachen verschwunden sei, die »wir« im letzten April auf den Dachboden gewuchtet hätten.

Nun ist die Gattin leider nicht in Hochadelskreisen aufgewachsen, was den inflationären Gebrauch des Pluralis Majestatis vielleicht noch entschuldigen könnte, sondern in einer Prenzlauer-Berg-Wohnung mit Ofenheizung.

Das versetzt sie zwar in die Lage, einen Kohlenanzünder auch ohne Aufsicht gefahrlos entflammen und ins Feuerloch werfen zu können, aber es gibt ihr noch lange nicht das Recht, jedes individuelle Versagen sofort zu kollektivieren. Selbst die traurige Tatsache, dass der Prenzlauer Berg zu ihrer Jugendzeit noch zum Ostblock zählte, kann das nicht entschuldigen.

Ohnehin ist es egal, ob die Kiste gefunden wird oder nicht, denn zwischen den »neuen« Stiefeln ihrer Freundinnen und der vermissten Kleiderbox besteht kein logischer Zusammenhang. Ich bin wirklich kein Fan von Mario Barth, aber bei manchen seiner Gags habe ich zuweilen das Gefühl, meine Frau hätte dem derben Witzbold Modell gesessen.

Denn natürlich ist klar, was passiert, wenn »ich« die Kiste mit den Wintersachen finde, wenn »ich« sie herunterwuchte und wenn »ich« sie der Gattin vor die Füße lege: Für fünf, vielleicht auch zehn Minuten wird ihr Kopf in dem riesigen Umzugskarton verschwinden, aber danach ist es mit der Ruhe im Haus endgültig vorbei. Mützen, Schals und Woll-

Heimat des Mannes im Niemandsland

pullover werden durch die Zimmer fliegen, bevor sie, zu Putzlappen oder Sperrmüll degradiert, in meiner Werkstatt landen. Denn natürlich ist alles, was sie in der Kiste finden wird, längst aus der Mode, zu klein oder völlig ausgeleiert. Auf alle Fälle untragbar, was auch die eilends herbeigerufene Hoferbin mit einem trockenen »Sieht scheiße aus!« bestätigen wird. Und das wenige, das vielleicht in den Augen der beiden Damen noch Gnade finden könnte, fliegt trotzdem raus, weil es nach dem Nachbarkater stinkt, der unseren Dachboden im Sommer durch ein kleines Loch am Giebel erst erobert und dann in eine übel riechende Sperrzone verwandelt hat.

Was weg ist, sagt man, ist weg und brummt nicht mehr. Mag sein, aber dafür schreit die Lücke, die es hinterlässt, umso lauter nach sofortiger Auffüllung. Womit klar ist, dass – sobald die Kiste mit den Wintersachen gefunden wird – auch der am Baum verbliebene Rest von Baumanns Renette den Krähen gehört. Denn dann wird der nächste freie Sonnabend natürlich zum großen Mutter-Tochter-Shopping-Tag erklärt und statt auf der Obstbaumwiese in den Einkaufstempeln der Hauptstadt verbracht.

SIE: Man sieht, das Jammern ist nicht nur der Landfrauen Lust. Aber mit seinem Novemberblues trifft der Neubauer ins Schwarze. Zwei ausgedehnte atlantische Tiefdruckgebiete über unserer dörflichen Einöde genügen, um mich in Rainer Marias Arme zu treiben. Wenn Lyrik überhaupt zu etwas taugt, dann dazu, einer depressiven Stimmung an verregneten Herbsttagen höhere Weihen zu verleihen. Sie wissen, wovon ich rede: Wer jetzt kein Haus hat, baut sich keines mehr, wer jetzt allein ist, wird es lange bleiben, wird wachen, lesen, lange Briefe schreiben …

Okay, wir haben ein Haus. Nur, was nützt das, wenn der Mann auf Reisen ist und vergessen hat, ausreichend klein gehacktes trockenes Brennholz neben dem Kessel zu stapeln. Jetzt sind die Heizkörper kaum wärmer als meine Füße und die Hände so klamm, dass ich nicht einmal eine E-Mail in den Computer hacken kann – von langen Briefen oder gar Buchkapiteln ganz zu schweigen. Zwar gibt es sogar in unserem Dorfkonsum genügend Landzeitschriften, die mit lustigen Kürbisgesichtern den Herbst als selige Bastel- und Einmachzeit preisen, aber nach zwei Nachtfrostattacken ist in meinem Garten kaum noch was, das sich zu veredeln lohnt. Und von meinen Kindern ist die eine noch zu klein und die andere schon zu groß, um mit mir gemeinsam vergnügt aus Kastanien und Streichhölzern hässliche Staubfänger zu bauen. Also sitze ich nicht nur fröstelnd allein in der dörflichen Dunkelheit, sondern auch noch ohne eine abendliche Beschäftigung, die mich über die Abwesenheit des Neubauern hinwegtrösten kann.

Gut, es gibt das Fernsehen, aber haben Sie schon einmal versucht, per Satellit ein Programm zu empfangen, während der Sturm an Ihrer Schüssel rüttelt und der peitschende Regen über jeden »Tatort«-Krimi eine Schneedecke legt?

Der verstrohwitwete Stadtmensch kann an solch lausigen Tagen ins Kino gehen, kann sich mit Brad Pitt oder Bruce Willis trösten oder wenigstens die besten Freundinnen beim Italiener treffen. Die einsame Landfrau hingegen hat nur den Hofhund, an den sie sich schmiegen kann. Aber der stinkt, wie immer, wenn es draußen schüttet. Kurzum, was jetzt beginnt, ist der alljährliche Härtetest für Stadtflüchtlinge. Der Lehm klebt kiloschwer an den Gummistiefeln, und dunkelgraue Regenwolken lassen kaum einen Unterschied zwischen Tag und Nacht erkennen.

In solchen Momenten heißt es stark bleiben und mit Rilke alle Fluchtgedanken vertreiben. Wenn das nicht langt, bleibt noch der Selbstgebrannte des abwesenden Gatten. Denn nur mit dem wärmenden Obstler lässt sich die Einsamkeit im kalten Haus ertragen, ebenso wie die beunruhigenden Geräusche aus allen möglichen Ecken und Winkeln unserer zwei Jahrhunderte alten Heimstatt. Mir ist klar, dass in dieser ungemütlichen Zeit auch Mäuse nach Behaglichkeit suchen, aber dass sie dabei bis unter unsere Schlafzimmerdielen krauchen – daran werde ich mich nie gewöhnen.

Bereits beim Einzug hatte mich die auf dem Dachboden ansässige Fortpflanzungsgemeinschaft fetter Kreuzspinnen bis in die Eingeweide erschreckt. Seitdem ist dieses Terrain für mich versucht. Betreten – nur bei Lebensgefahr!

Das wiederum weiß mein Neubauer schamlos auszunutzen, um an dieser Stelle auf die von ihm problematisierte Kleiderfrage zurückzukommen. Er ist es nämlich, der die Tabuzonen des alten Gemäuers nur allzu gern mit den scheinbar überflüssigen Dingen des Lebens füllt. Meines Lebens natürlich. Denn seitdem mein Gatte das lose Städterdasein hinter sich gelassen und zu einem strengen Regeln unterworfenen Landmann konvertiert ist, steht er nicht nur auf schlichte Gebrauchshüllen, nein, er fordert strikte Ordnung – auch in den eigenen vier Wänden. Mit Vorliebe räumt er also meine Röcke, Mäntel, Kleider und Schuhe weg. Und die der Hoferbin natürlich auch. Dafür hat er eigens fünf große Umzugskartons mit meinem und der halbwüchsigen Tochter Namen beschriftet. Kaum hat er das erste Mal die Öfen angefeuert, werden ich und die Prinzessin zur Abgabe der Sommersachen einbestellt. Badeanzug, Flip-Flops und Seidenblüschen – alles wird einkassiert, eingetütet und auf dem Dachboden deponiert. Ein halbes Jahr später wiederholt er das Procedere dann mit den Wintersachen. So weit, so pedantisch. Doch die Sache hat einen kleinen wunderbaren Haken. Denn von den hässlichen Achtbeinern bewacht, erfahren unsere Klamotten dort oben eine rätselhafte Metamorphose. Katzenpisse hin oder her, sechs Monate genügen und unsere einkassierten Gewänder haben sich wie von Zauberhand in unansehnliche, viel zu enge und hoffnungslos aus der Mode gefallene Lumpen verwandelt.

Und auch wenn sich der Neubauer die Haare rauft: Was bleibt der Hoferbin und mir denn bei diesem Spuk anderes übrig, als alle halbe Jahre zur Auffüllung der so brutal ausgedünnten Garderobe in die Hauptstadt zu fahren.

BIN ICH – UND WENN JA, WER NOCH?
ODER WIE SCHNELL ALLE PHILOSOPHIE
AUF DEN HUND KOMMT

ER: Das neue Jahr mit einem Waldspaziergang einzuläuten hat bei uns Tradition. Egal wie viele Flaschen des Holunderblütenschnapses zu Silvester geleert wurden, spätestens um acht jault am Ersten der Hofhund. Eigentlich wurde das Tier einmal als Spielkamerad für die Hoferbin angeschafft, aber irgendwie schaffen es die beiden schon seit Jahren nicht mehr, ihren Tagesrhythmus in Einklang zu bringen. Nun habe ich also einen Berner Sennenhund an der Backe, der weder auf Sonn- noch Feiertage Rücksicht nimmt und sich erst recht nicht von dem bösartigen Kater beeindrucken lässt, der sein Herrchen nach ausgelassenen dörflichen Feierrunden gerne heimsucht. Früher haben wir den Hund das ganze Jahr über im Freien nächtigen lassen. Aber seit uns klar wurde, dass das Tier, mit menschlichen Maßstäben gemessen, inzwischen ungefähr genauso alt sein muss wie Johannes Heesters, lassen wir Gnade walten und ihn wenigstens bei Nachtfrost im Stiefelraum auf einer ausrangierten Babydecke ruhen.

Hätte ich vorher geahnt, dass ausgerechnet dieser urwüchsige eidgenössische Alpenhund seine imposante Erscheinung nach Ostblockathletenart durch frühes Siechtum kompensiert, wäre mir vielleicht ein warnendes Wort bei der Welpenschau über die Lippen gekommen. Aber so schwieg ich, während Frau und Tochter über das Wollknäuel herfielen und völlig verzückt »kuschelig«, »süß« oder »niedlich« stöhnten. Zugegeben, auch ich war angetan. Weniger vom schwarzbraun-weißen Fell des Kleinen als von der Liste der vom Schweizer Sennenhund-Verein ins Netz gestellten rassetypischen Verhaltensmerkmale. Da war von »vorausahnendem Gehorsam« und »guter Führigkeit« die Rede, was die Hoffnung nährte, dass das Tier aufgrund seiner genetischen Prädisposition etwas leichter zu handhaben sei als der eigene Nachwuchs. Und im Prinzip ist diese Rechnung auch aufgegangen, denn während die Tochter sich selbst nach dem zehnten laut gebrüllten »Ab!« nicht aus dem väterlichen Fernsehsessel schraubt, genügten bei dem Hund ein Stirnrunzeln und eine abgenagte Broilerkeule, um ihn in Habachtstellung erstarren zu lassen.

Andererseits hält die Hoferbin am Neujahrstag wenigstens bis zur Kaffeezeit still, wogegen ihr kaltherzig ausgemustertes Schmusetier jaulend auf seiner Morgenrunde besteht. Mittlerweile selbst in einem Alter angekommen, wo man nicht einmal mehr bei der CDU als junger Wilder durchgelassen wird, schwant einem bei diesem Klagegesang, dass Kontinenz irgendwann nicht mehr allein eine Disziplinfrage ist. Also springe ich trotz des brummenden Schädels aus dem Bett, schlüpfe in die Sachen und befreie den jammernden Heesters aus seiner Notlage. Kaum sind Haus- und Gartentür offen, steht er auch schon auf dem Dorfanger, um die jungfräuliche Schneedecke und das Kriegerdenkmal zu schänden.

»Sein heißt wahrgenommen werden«, denke ich auf dem Weg in den Wald, während der Hund ungeachtet seines errechneten Greisenalters weiträumig sein Revier markiert. Doch diese treffende Bemerkung, die der irische Philosoph und spätere Bischof George Berkeley bereits vor 300 Jahren fallen ließ, hat nicht nur für Vierbeiner ihre Gültigkeit behalten. In den menschleeren Landstrichen des östlichen Deutschlands gibt es jede Menge lediger Männer, die den Satz sofort mit einem dicken roten Edding unterstreichen würden, könnten sie in ihren ausgebeulten Arbeitshosen einen solchen Stift finden. Doch meist ist alles, was sie dort ertasten, eben nur der ähnlich geformte Kronzeuge ihrer nächtlichen Einsamkeit.

Wer nie seine schmutzigen Gummistiefel um die Ohren geschleudert bekommt, weil da einfach keiner ist, der die blank gewienerten Küchenbodenfliesen mit Inbrunst verteidigt, kann schnell Zweifel an der eigenen Existenz bekommen. Selbst wenn dieser arme Mensch ein Handy in den Stall werfen würde, gäbe es dort nicht mal mehr ein Schwein, das seine Festnetznummer kennt. Denn mit den jungen Frauen sind auch die Tiere aus den Dörfern verschwunden. Wo ein halbes küchenfertiges Ferkel fast genauso billig ist wie der Zentner Futterweizen, lohnt sich der private Fleischanbau einfach nicht. Das Kotelett gibt es im Angebot bei Netto. Eine passende Frau dagegen ist für den einsamen Uckermärker oder Pommer selbst im benachbarten Osteuropa kaum noch zu haben.

Na und, werden einige jetzt vielleicht sagen und den alten Descartes zitieren: »Ich denke, also bin ich!« Aber erstens hatte der eine willfährige Dienstmagd zum Bohnern und Schwängern gehabt und zweitens nie einen nasskalten Winter in einem Kaff zwischen Anklam und Prenzlau zugebracht.

Der männliche Homo sapiens, der in diesem rauen Klima aufwächst, ist schon ein besonderer. In dem »Wehrpolitischen Taschenbuch« von 1937 wurde sein Charakter nicht ganz unzutreffend wie folgt beschrieben: »Der Soldat dieser Bezirke ist nicht leicht zu behandeln, persönlich schwer zu gewinnen und sicher auch langsamer im Auffassen als seine Kameraden in anderen Gegenden des Reiches, lohnt aber alle aufgewandte Mühe durch Verlässlichkeit und Treue auch in den schwersten Lagen.«

Sicher, auch ich will nicht, dass diese alte NS-Schwarte heute noch in die Hände junger, heiratsfähiger Frauen gelangt. Aber wenn Sie als Leserin in diese Kategorie fallen, sollten Sie sich das Zitat trotzdem noch einmal in Ruhe zu Gemüte führen. Denn so viel steht fest: Egal, ob Sie einen Krieg oder auch nur eine Ehe führen wollen, nirgendwo sonst finden Sie im deutschsprachigen Raum einen ähnlich duldsamen Männertyp.

Natürlich kann es auch im Zusammenleben mit ihm Probleme geben, denn nicht selten muss beim Pommer oder Uckermärker – um bei Descartes zu bleiben – die Leber fürs Gehirn einspringen: Puto ergo sum – Ich trinke, also bin ich!

Und sind wir doch einmal ehrlich, auch Männer aus anderen Regionen sind gegen Alkohol nicht gefeit. Jedenfalls sind mir aus meinem persönlichen Umfeld kaum Geschlechtsgenossen bekannt, die in existenziellen Notlagen zum Sudokuheft greifen. Nein, eine Flasche Korn oder ein Eimer Jägermeister-Cola-Mix liegen da näher, selbst wenn Mann der

Trübsal so auch nur für ein paar Stunden entfliehen kann. Doch zurück zum Wald, der – wie selbst Städter wissen – aus einer Ansammlung von Bäumen besteht. Unser Hund ist von diesem Überangebot immer wieder aufs Neue erschlagen, weshalb er gar nicht erst versucht, hier irgendwelche Marken abzusetzen. Für ihn hört ein Baum sofort auf, Baum zu sein, sobald er sich zum Wald verklumpt. Womit wir wieder bei Bischof Berkeley wären, der tatsächlich meint, dass ein Baum als solcher nur existiert, wenn wir ihn erkennen.

Das war schon 1710 ein reichlich abgefahrener Gedanke. Kein Wunder, dass sich bei Berkeley die Kritiker die Klinke in die Hand gaben. Auf ihren nicht ganz unberechtigten Einwand, dass der Baum auch noch im Garten, Park oder Wald stünde, wenn wir längst wieder hinter dicken Wänden und zugezogenen Vorhängen beim Tee säßen, erwiderte der alte irische Fuchs, dass der Baum natürlich dort bliebe, weil ihn – an unserer statt – nun Gott wahrnehmen würde.

Zwei Stunden mit dem Hund genügen vielleicht, um alle in einer Silvesternacht konsumierten Gifte auszuschwitzen, für die finale Antwort auf die Frage »Bin ich – und wenn ja, mit wie vielen?« ist so ein Spaziergang leider zu kurz.

Aber wer der Stadt entflieht, kommt natürlich nicht umhin, sich ab und an mit solchen Grundsatzfragen zu beschäftigen. Schließlich gibt es oft Tage, an denen man ganz auf sich allein geworfen wird. Entweder weil Schneewehen alle Wege unpassierbar gemacht haben, Frau und Hoferbin in der Stadt gemeinsam ihre Garderobe runderneuern müssen oder auch nur, weil der Sturm die Satellitenschüssel außer Gefecht gesetzt hat.

Früher hätte ich an dieser Stelle neben der Bibel auch den alten Kant empfohlen. Allein der Umstand, dass der Mann während seines immerhin achtzig Jahre währenden Lebens keinen Fuß über die Grenzen seiner ostpreußischen Heimat gesetzt haben soll, spricht für die Fähigkeit, aus dem scheinbaren Nichts Großes zu schöpfen. Ein Satz wie der, »dass die Dinge, die wir anschauen, nicht das an sich selbst sind, wofür wir sie anschauen, noch ihre Verhältnisse so an sich selbst beschaffen sind, als sie uns erscheinen«, fällt einem nun einmal nicht in der Rushhour auf der Berliner Stadtautobahn ein. Dafür braucht es schon jede Menge Zeit und Wald, und beides hatte Kant. Aber seit der Dramatiker Heiner Müller im Gespräch mit dem Filmemacher Alexander Kluge das Gerücht streute, der Königsberger Philosoph und notorische Junggeselle hätte bei seinen Spaziergängen durch die ostpreußischen Eichenhaine regelmäßig heimlich an einem alten bemoosten Baumstamm masturbiert, hat der Satz viel von seiner Unschuld verloren. Erst recht eingedenk der Tatsache, dass Kant offiziell die Onanie hinsichtlich ihrer moralischen Verwerflichkeit noch vor dem Selbstmord platzierte. Wenn also die Eiche – laut Kant – für sich selbst alles andere ist als das, was wir gemeinhin in ihr sehen, und die dunklen Vertiefungen in ihrer Rinde vielleicht von ganz anderer Konsistenz sind, als sie uns auf den ersten Blick erscheinen, kann dieser urdeutsche Baum natürlich auch als Frau durchgehen.

Was dem ostpreußischen Philosophen die Eiche, ist so manchem einsamen Melker in dünnbesiedelten Gegenden bis heute die Kuh. Selbst wenn uns die ganze Angelegenheit noch immer irgendwie unappetitlich erscheint, ist sie doch

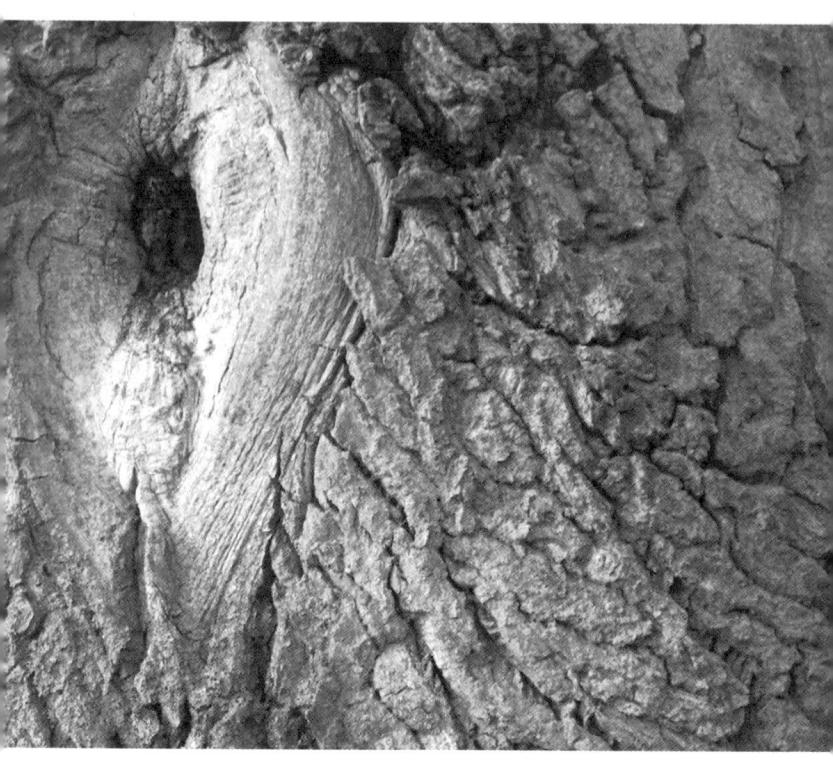

Kants Eiche?

ein schöner Beleg dafür, dass das Leben in der Natur viele Möglichkeiten bereithält, sein Glück allein und bei sich selbst zu finden.

Strolchi, der inzwischen leider verstorbene Schäferhund-Spitz-Mix unserer Nachbarin, war in dieser Hinsicht überzeugter Kantianer. Allerdings waren ihm ausgedehnte Waldspaziergänge zeitlebens verwehrt, weshalb er im Laufe seines Rüden- und Singledaseins unzählige Erdlöcher in den kurzgeschnittenen Rasen ihres Grundstückes trieb. Das sah zwar nicht schön aus, aber hielt wenigstens die Maulwürfe fern. Den so vertriebenen Untergrundkämpfern blieb vermutlich nichts anderes übrig, als Strolchis merkwürdiges Treiben aus sicherer Entfernung mit dem guten Nietzsche zu kommentieren: »Mitunter reicht schon eine stärkere Brille, um den Verliebten zu heilen ...«

SIE: Kant hin, Nietzsche her, mit Strolchi hat, das vergaß der Mann zu erwähnen, der letzte echte Dorfhund unseres Weilers das Zeitliche gesegnet. Einer vom guten alten Schlag, einer, der noch wusste, was sein Job war.

Mit der Schnauze im Anschlag hat er jahrelang die Landidylle bewacht. Selbst wenn es so aussah, als döse der Mischling in der Mittagshitze, entging ihm kein fremdes Wadenbein oder Wagenrad. Wie ein Grenzkontrolleur waltete er seines Amtes. Sobald Unbekannte das Ortseingangsschild passierten, schnellte er hoch und ließ sein ohrenbetäubendes Gebell ertönen. Damit ist nun Schluss. Krebs, unheilbar, der Tierarzt musste ihn einschläfern. Zwei Spritzen, 80 Euro, und das war's.

Sein Frauchen stand in ihren besten Tagen an der Spitze der hier ehemals ansässigen LPG Milchproduktion. Sie hatte zwar alle Kühe in die neue Zeit herüberretten können, aber nur, um sie dann im Handumdrehen an einen holländischen Großagrarier zu verlieren. Der ließ die armen Tiere über die Klinge springen, verkaufte die Milchquote und machte den ganzen Laden kurzerhand dicht. Traurig für Vorsitzende wie fürs Vieh, aber nicht für den Rest des Dorfes. Ist doch seither die Luft frei von beißenden Silage- und Fäkaldüften. Und wer jetzt im Dunkeln sein Haus sucht, läuft auch nicht mehr Gefahr, in einer offenen Güllegrube zu verenden.

Trotzdem, den guten Strolchi hätten wir ihr gern noch ein paar Jahre länger gegönnt. Aber da hilft kein Jammern, der Strukturwandel auf dem Dorf ist nicht mehr aufzuhalten. Was heute auf den Äckern östlich der Elbe die Jumbo-Erntemaschinen der Bioenergie erzeugenden Aktiengesellschaften sind, scheinen auf den Höfen die reinrassigen Edeltölen der zugewanderten Neudörfler.

Den Preis von zwei Karibik-Pauschalreisen haben die erst jüngst hier gestrandeten Ex-Berliner für ihren Kuvasz-Welpen hingelegt. Ob dieser ungarische Hirtenhund auch notwendige Qualitäten als Dorfwachtmeister entwickeln kann, bezweifle ich noch. Erziehungstechnisch haben sich seine Besitzer für eine Tonlage entschieden, die vor allem in Vielkinderbezirken der Berliner Innenstadt gepflegt wird. Nicht, dass ich für Stockschläge oder dergleichen plädieren würde, aber jedes »Platz!« mit einem sanften »Bitte, bitte« abzurunden ist augenscheinlich auch nicht zielführend. Schräg gegenüber schlägt der aus Thüringen zugewanderte Nachbar eine wesentlich härtere Gangart bei der Ausbildung seines rehbraunen Vizslas an. Mit Trillerpfeife und Feldwebelstimme trainiert, liegt dieser gertenschlanke Vorstehhund sekundenschnell am Boden, wenn sein stolzer Besitzer auch nur die Augenbraue anhebt. Doch wenn es darum geht, den nächtlichen Hühnerdieben den Garaus zu machen, versagt das Tier, obwohl es die Prüfung zum Niederwildjäger mit summa cum laude abgeschlossen hat. Zur absoluten Hörigkeit erzogen, fällt das teure Tier in den Tiefschlaf, sobald sein Herrchen im Pyjama steckt.

Aber auch unser eigener Hund versieht den Wachdienst nur sporadisch. Der Neubauer meint, das liegt an seiner eidgenössischen Herkunft. Immerhin hätten die Schweizer in den letzten 200 Jahren nur lächerliche drei Wochen Krieg geführt. Kein Wunder, dass der Kampfgeist da erlahmt. Ich dagegen glaube, es liegt an der immer dünner werdenden Ozonschicht. Noch vor der Erfindung der Klimakatastrophe erworben, ist der Berner Sennenhund inzwischen nur während der Wintermonate halbwegs einsatzfähig. Den heißen Sommer verbringt er im Dauerschlaf auf den kühlen Küchenfliesen. Fürwahr kein Ersatz für den früh verblichenen Strolchi.

»Beim nächsten Hund wird alles anders«, erklärt mein Mann. »Da nehmen wir uns einen Schäferhund aus alter DDR-Zucht, am besten aus direkter NVA-Linie. Und wenn der dann die Nobelkläffer unserer Neuankömmlinge deckt, ist alles wieder wie früher.«

SIE: Das Räumfahrzeug der Gemeinde hat es diesmal nur bis zum Dorfeingangsschild geschafft. Ja, und da liegen wir nun, abgeschnitten von der Welt, mitten in einem weißen Meer. Wer jetzt kein Huhn hat, bekommt keines mehr, denk ich und schaue nach unserer alten weißbraunen Henne, die das Eierlegen schon vor einem halben Jahr eingestellt hat.

»Mir ist kalt«, sag ich hustend zum Mann. »Leg doch das Huhn auf den Hauklotz, ich brauch jetzt eine heiße fette Suppe!« »Nein!«, stöhnt der und knallt mir entkräftet die Schneeschaufel vor die Füße. Er hat ja recht, bis zum Schlachtblock sind es noch gut fünfzig Meter, und der Weg dahin liegt gleichfalls unter einer hüfthohen Schneedecke begraben.

ER: Entschuldigung, dass ich mich wieder einmische. Aber im Unterschied zu dem Gros der bäuerlichen Haushalte obliegt bei uns die Verantwortung für das Federvieh dem Mann. Also mir. Nicht, dass ich mich darum gerissen hätte, aber es ging nicht anders. Eines Morgens, wir hatten Berlin gerade endgültig den Rücken gekehrt, stürzte meine Frau mit dem markerschütternden Ruf in die Küche unseres frisch bezogenen Bauernhauses: »Die Hühner krepieren, und der blöde Hahn schaut nur dumm zu!« Wie man an dieser Formulierung unschwer erkennen kann, lagen die Tage, an denen die Gute ihre Zeit an den Hängen des Prenzlauer Bergs in feministischen Kaffeekränzchenrunden verbracht hatte, noch nicht lange zurück. Und doch war ihre Wortmeldung mehr als ein Simone-de-Beauvoir-Gedächtnis-Schrei. Denn tatsächlich, während der Hahn ungerührt umherstolzierte, lagen die Hühner in Sandlöchern und verdrehten ihre Hälse. Über den Boden verstreut sah man unzählige Federn.

Das war zu einer Zeit, als die Vogelgrippe unter Deutschen allenfalls in der Pekinger Botschaft ein Pausenthema war. Jedenfalls glaubte die Mehrzahl der Bundesbürger damals noch, gegen den H5N1-Virus können Kondome schützen. Trotzdem ließ mich der Anblick der krampfartig am Boden gefesselten Kreaturen erschauern.

Auch wenn es nur Hühner waren. Jedes Tier, das irgendwann auf deinem Teller landet, verdient Respekt und Fürsorge. Also schnell zum Computer und hinein in eines der vielen Kleintierhalterforen. Noch vor dem Abendbrot war der Hahn wenigstens teilweise rehabilitiert. Die Hühner befanden sich nicht an der Schwelle ins Jenseits, sondern lediglich mit beiden Füßen in der Mauser. Ein paar weichgekochte Reiskörner und zwei angegammelte Scheiben Mortadella genügten, und sie schnellten aus ihren selbst geschaufelten Gräbern putzmunter empor.

Damit war die Sache entschieden. Fortan überließ mir die Frau großzügig die Sorge um Hahn und Hühner.

SIE: Andererseits fällt die Essensplanung wiederum in mein Ressort, weshalb ich auf den Einwand des oberschlauen Bauern, dass man bei solch extremen Witterungsbedingungen

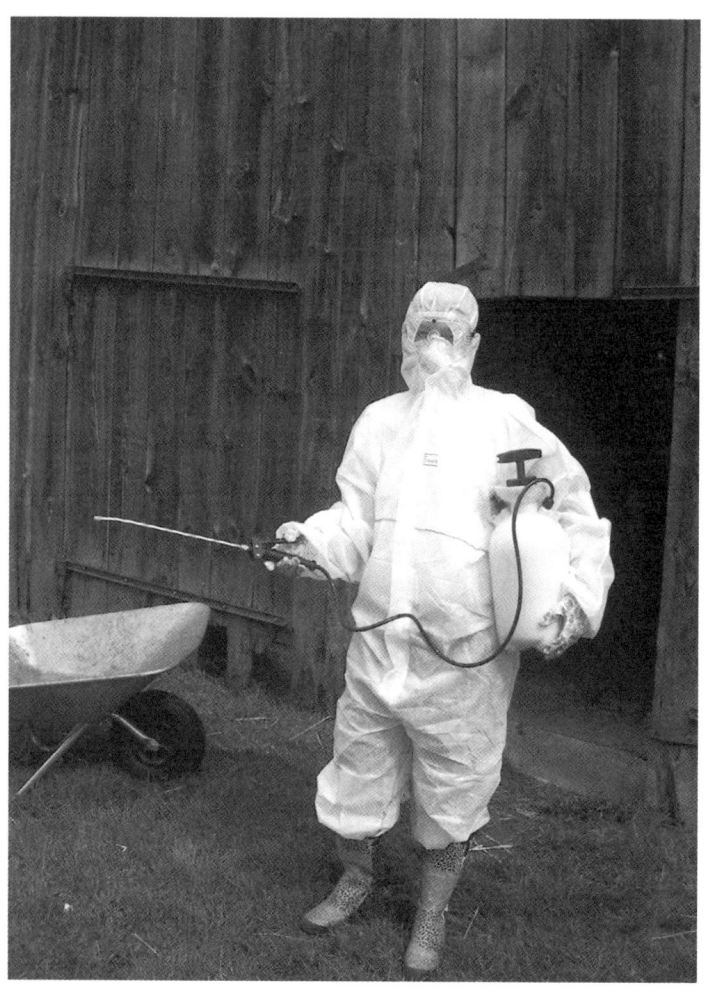

Die Neubäuerin wartet auf den nächsten Virus

ruhig mal auf die Tiefkühltruhe zurückgreifen kann, mit Skepsis reagiere.

Mag sein, versuche ich ihn umzustimmen, aber während wir unsere kostbaren Vorräte plündern, labt sich der Fuchs noch vor uns am Lebendvieh. Dabei sollten Hof und Garten doch die Familie stärken und nicht die Nahrungskonkurrenten aus Wald und Flur. Die Spuren vom Hühnerdieb jedenfalls waren schon im verschneiten Kräuterbeet zu sehen. Überhaupt treibt die kleine Eiszeit, die unseren Landstrich seit Wochen in ihren frostigen Klauen hält, nicht nur Meister Reinecke ins menschliche Revier. Die Rehe tummeln sich im Vorgarten, und über dem eingefrorenen Gehöft kreisen ausgehungerte Krähen, nur um sich auf die warmen Pferdeäpfel zu stürzen, sobald einer unserer Gäule die Backen aufreißt. Selbst liegen gebliebene Hundehaufen werden auf der Suche nach etwas Essbarem nicht mehr verschmäht.

Angewidert kehre ich ins Haus zurück und klappe die Gefriertruhe auf. Ach, allein der Anblick wärmt die Seele. Da ruhen Lammkoteletts neben Hirschkeulen, ein Wildschweinrücken neben – ja, welch ein Glück – neben einer Ente. Das war das Neujahrsgeschenk vom Zimmermann und ist nun meine Rettung.

Während ich die heilende Brühe vorbereite, klingelt plötzlich das Telefon. Eine aufgeregte Frauenstimme kämpft gegen pfeifende Windböen an. Es ist Yvonne, die Frau vom Katasteramt, die schräg gegenüber wohnt. Würde es in unserem Dorf Misswahlen geben, wäre sie eine der Titelaspirantinnen, behauptet jedenfalls mein Mann. Nun ist die Schöne keine 200 Meter hinter dem Ortsausgangsschild in einer Schneewehe stecken geblieben. Sie wollte zum Supermarkt. »Typisch«, lästert der Neubauer, »das Dekolleté im Sommer den ganzen Tag in der Sonne braten, und kaum fallen die ersten Flocken, hat die Gute nix mehr, was sie in die Röhre schieben kann.« Wäre jetzt die Hoferbin zugegen, würde der Gatte bestimmt noch mit mahnendem Unterton die Geschichte von der Ameise und der Grille zum Besten geben. So aber zieht er nur die alten Armeefilzstiefel an und stapft grinsend davon, um die Ärmste mit seinem Russen-Jeep aus ihrer Notlage zu befreien.

Als dann endlich am Abend die heiße Suppe vom Entenklein auf dem Tisch dampft, ist auch der pubertierende Nachwuchs aus der Schule zurück und wird sofort wieder grundsätzlich: Durch unsere Fleischorgien würden die Pole schmelzen, verkündet die Halbstarke provokant und zieht mit angeekelter Miene ein Stück Hals aus der fetten Brühe.

Na ja, denke ich und greife zu, mir würde es ja fürs Erste reichen, wenn wenigstens der Schnee auf dem Dorfplatz bis zum Osterfest verschwände.

ER: Nur vier Wochen später hat es mich dann erwischt. Der Bauer ist malade. Sechs Tage Zwangsaufenthalt in Berlin genügen offenbar, um selbst das Immunsystem des tapfersten Landmannes kollabieren zu lassen. Jedenfalls dann, wenn er sich aus Scheu vor den hauptstädtischen Autolenkern tagtäglich in den öffentlichen Nahverkehr stürzen musste. Das ist für einen Einsiedler wie mich auch schon außerhalb der Grippezeit ein Horrortrip. Wer aus freien Stücken fern der großen Häuserschluchten lebt, dessen Sinne beginnen sich in der Einsamkeit zu schärfen. Fünf Jahre in einem Zwanzig-Seelen-Dorf, und man bekommt den Spürsinn eines Sioux-Kriegers.

Ein Blick in den Schnee oder Straßensand genügt, und man weiß, welche Postfrau die Zeitung in den Briefkasten geworfen hat. Lenkt doch eine jede den gelben Kastenwagen auf ihre ganz eigene Art. Ähnlich sieht es mit den Dorfhunden aus, an deren Aufjaulen man, ohne aus dem Fenster zu schauen, erkennt, ob Ordnungsamt, Veterinär oder die Zeugen Jehovas dem Flecken ihre Aufwartung machen. Ebenso wenig bedarf es eines Weckers oder Kalenders. Sonnenauf- und -untergang strukturieren den Tag mit harter Hand. Den Rest regelt das eigene Viehzeug, das strenger als jede Stechuhr jeglichen Schlendrian ahndet.

Wer so konditioniert die Stadt besucht und in ein öffentliches Nahverkehrsmittel steigt, fühlt sich wie Rilkes Panther am ersten Tag im Jardin des Plantes. Überscharf springen einen die Gesichter der Mitreisenden an. Man riecht ihren Schweiß, ihr Parfum, registriert jedes Nabelpiercing, jedes tätowierte Stück Haut. Autisten gleich besitzt man plötzlich die Sehschärfe eines Greifvogels. Reize überfluten Auge, Ohr und Nase. Übelkeit steigt auf, obwohl man doch glaubte, durch die Arbeit mit Ziege und Schaf für den öffentlichen Nahverkehr gerüstet zu sein. Panikattacken bleiben unausweichlich, es sei denn, man lenkt sich durch anthropologische Studien ab. Der Wirrwarr der Ethnien und Einkommensgruppen, das offensive Zurschaustellen von sexueller Präferenz, popkultureller oder politischer Gesinnung lassen den Blick des Landbewohners wie irre durch den Waggon rasen. Kaum zu glauben, wie schnell man verlernt, die Masse mit Gleichmut zu ertragen, und wie schnell man ihre Nähe als Bedrohung wahrnimmt.

Schlagartig wird einem klar, warum Goebbels mit Vorliebe SA-Sturmabteilungen aus der Uckermark oder Pommern nach Berlin karren ließ, um die Lufthoheit im Straßenkampf zu erringen. Aber auch darin folgte er nur Bismarck, der schon 1848 dem preußischen König anbot, mit den Sensen und Bauern seines altmärkischen Gutes die Revolution an der Spree niederzuwerfen.

Gut, nicht jedes bäuerliche Gemüt lässt sich gleich von der Reaktion mobilisieren, aber sobald der Landmann einen Hof und ein paar Hektar sein Eigen nennt, ist er für einen ordentlichen Umsturz kaum noch zu haben.

Für eine handfeste Grippe aber schon. Ganz gleich, ob die Influenza ihren Ausgang in der Untergrund- oder Straßenbahn genommen hat, auf jeden Fall tropft nun die Nase, brummt der Schädel, ist die Arbeitskraft schwer lädiert.

Normalerweise kümmert sich die Bäuerin in solchen Fällen um den geschwächten Leib, froh darüber, endlich mit all ihren heilkundlichen Weisheiten brillieren zu können, die ihr das Jahresabo von »kraut&rüben« und die unzähligen Fenchelteeplauderrunden mit der ortsansässigen Hobbyhomöopathin zufliegen ließen.

»Krank zu sein bedarf es wenig, und wer krank ist, der ist König«, heißt es dann, während Wärmflaschen ins Bett, heiße Holundersäfte und Arnika-Kügelchen in den kratzigen Rachen geschoben werden. Doch diesmal ist die Samariterin mitsamt der homöopathischen Taschenapotheke auf Bildungsreisen. Und während sie in der Semperoper Mozart lauscht, um sich vom Rumpeln der Güllelaster zu erholen, höre ich meine Lungenflügel rasseln.

Von der halbwüchsigen Tochter ist weit und breit nichts zu sehen, und selbst wenn sie noch vor der Dämmerung auftauchen würde, als Krankenpflegerin ist sie genauso hilfreich wie der Hund. Auch der kennt kein Erbarmen und klagt, rücksichtslos jaulend, seinen Morgen- und Abendspaziergang ein, obgleich sich Herrchen kaum auf den Beinen halten kann.

Nun also ist doch die Zeit für das legefaule Althuhn gekommen. Zwei Stunden in Salzwasser mit einem Lorbeerblatt gekocht, verwandelt sich selbst so ein greiser Vogel auf wundersame Weise in eine lieblich duftende Wunderarznei. Zuvor allerdings muss die Axt diesen aus dem Leben reißen, muss der Patient zum Schlächter werden. Und wie immer, wenn es auf dem Hof ans Töten geht, hält eine gespenstige Stille Einzug. Die hungrigen Katzen miauen nicht mehr, der Hund verkriecht sich im Heu, die Pferde suchen das Weite. Nur das alte Kaninchen, das schon Dutzende seiner Jungen den Weg in unseren Herd nehmen sah, meldet sich mit einem ängstlichen Quieken. Auch das aber erstirbt jäh, als Henker und Beil wider Erwarten am Kaninchenverschlag vorbei in Richtung Hühnerstall streben. Zum Glück reicht der Schnee noch, der vor der Ausstiegsluke liegt, um Hahn und Harem den Fluchtweg abzuschneiden. Jetzt heißt es, beherzt und zielsicher zuzugreifen. Denn nichts macht den Tod quälender als ein Sensenmann, der – von Reuegefühlen übermannt – zum zittrigen Zauderer wird. Schon ist die Weißbraune an den Füßen gepackt, wohl wissend, dass sie drei Jahre lang ein schönes Leben hatte. Zwei Fuchsangriffe und eine Vogelgrippequarantäne überstand sie schadlos, einmal durfte sie gluckend Mutterfreuden erleben. Welcher Mensch, geschweige denn welches Supermarkttiefkühlgeflügel fährt schon mit vergleichbarer Bilanz seinem Gott entgegen. Würde sie reden können, die Henne, die sich klaglos den endlich frei geräumten Weg zum Richtplatz tragen lässt, würde sie vielleicht Hölderlin zitieren: »Umsonst zu sterben, lieb ich nicht, doch lieb ich, zu fallen am Opferhügel.«

Und während die Axt mit einem entschlossenen Hieb den Kopf vom Rumpf trennt, auf das er in den Schnee purzelt, der alsbald rotgesprenkelt ist, weil dass enthauptete Tier mit letzten kraftvollen Zuckungen Abschied nimmt von dieser Welt, seufze ich dankbar: »Wenngleich nicht fürs Vaterland, so doch für des Bauern Wohl durfte bluten deines Herzens Blut.«

DAS LEBEN IST EINE BAUSTELLE
ODER WARUM MIRKO NICHT MEHR
MIT EXCEL DUSCHT

ER: Das neue Jahr, so schreibt unser Lokalblatt, wird im Zeichen des Aufschwungs stehen. Das kann ja heiter werden, denke ich, denn als der Aufschwung das letzte Mal hier vorbeikam, hinterließ er eine Spur der Verwüstung. Kein Hohlweg, keine feldsteingepflasterte Dorfstraße, ja nicht einmal Mirko, der langzeitarbeitslose Sohn unserer Ihre-Kette-Verkaufsstellenleiterin Uschi, konnten sich vor ihm in Sicherheit bringen. Während der über Jahrhunderte gewachsene Charme von Feldweg und Katzenkopfpflaster unter einer dicken, nach allen Regeln der deutschen Straßenbaukunst aufgetragenen Asphaltdecke verschwand, stürzte sich auf Mirko eine ganze Armee von Powerpoint-Präsentatoren. Offiziell nannten sie sich Dozenten, und so schlaff wie sie weiland das Banner des Sozialismus wehen ließen, hielten sie nun ihr Fähnchen in den kommoden Windschatten der sozialen Marktwirtschaft. Wenn man Mirko glauben konnte, bestand ihre Hauptbeschäftigung im Führen von Anwesenheitslisten und der Erstattung von Fahrtkosten.

Immerhin wusste Uschis Sohn nach einem mehrwöchigen »Nachhaltigen Bewerbungstraining und Coaching« an der Zweigstelle der DEKRA-Akademie, dass er Excel nicht bei Mutti im Regal mit den Hygieneartikeln suchen muss. Mehr aber auch nicht.

Während der Asphalt wenigstens bis zum ersten frostreichen Winter den Schein wahren konnte, blätterte der Lack von Mirkos neuer, von der Agentur für Arbeit gesponserten TÜV-Plakette bereits nach ein paar Wochen ab. Wider Erwarten blieb der Ansturm multinationaler High-Tech-Unternehmen auf den gelernten Facharbeiter für Tierproduktion aus.

Also setzte die Gemeinde Uschis Sohn zu unserer Erleichterung wieder hinter das Steuer des alten Multicars, auf dass der Mittvierziger, wie all die Jahre zuvor, die Dorfstraße von Laub, Schnee und Eis befreite.

Mag ja sein, dass man den Aufschwung anderswo noch immer mit Applaus empfängt, hier bei uns erntet er nur noch ein Stirnrunzeln.

Wenn überhaupt, dann lässt in den ländlichen Selbstversorgerhaushalten das Wörtchen Rezession die Herzen schneller schlagen. Wer, wie wir, in seinem Keller 370 Flaschen Apfelsaft, 40 Liter hochprozentige Obstmaische, eine Zinkbadewanne voll erdbedeckten Wurzelgemüses, sechs Stiegen Lageräpfel, 60 Marmeladen- und 40 Kompottgläser stehen hat, den kann kein Konjunktureinbruch schocken.

Im Gegenteil, seit Erfindung der Dampfmaschine weiß der Landmann wirtschaftliche Talfahrten zu schätzen. Sobald die Börse kollabiert, reibt er sich die Hände. Zusammenbrüche, egal ob von Heer- oder Wirtschaftsführern verschuldet, lassen das geknechtete bäuerliche Ego wie Phönix aus der Asche steigen. Das war nach dem Zweiten Weltkrieg nicht anders als nach dem Ersten und wird mit dem nächsten Finanzmarktkollaps ganz genauso kommen wie weiland im Schlepptau des Schwarzen Freitags von 1929.

Kein hungriger Großstädter in Sicht

In Zeiten ökonomischer Fettlebe ist der Bauer dagegen per se der Trottel. Unfähig, ein Kraftfahrzeug durch den Großstadtverkehr zu lenken, muss er sich selbst bei der Suche nach einer Geschlechtspartnerin vom Privatfernsehen unter die Arme greifen lassen. Wenn der DAX wohlig sein Fell an der Achttausendergrenze reibt, wird der Kleinagrarier gerne als kauziges Fossil der Lächerlichkeit preisgegeben. Wirtschaftsweise schelten ihn als EU-Almosenempfänger, und Politiker versagen ihm allein deshalb den Gnadenschuss, um der volkstümelnden Unterhaltungsindustrie kein Kulissenproblem zu bescheren.

Aber wehe, die Kurse purzeln. Wenn nämlich in Beichtstühlen und auf Talk-Show-Podien die Investmentbanker um die Wette greinen, beginnen die am Markt verbliebenen Hochglanzmagazine wieder ein Loblied auf das einfache Landleben und den ehrlichen Bauern anzustimmen. Spätestens dann lacht auch keiner mehr, wenn man die Tochter mit der alten Belarus-Zugmaschine von der Kreisstadtdisko abholt. Ein Hektar guten Gartenlandes als Erbanteil genügt, und man wird ihr trotz Zahnspange die Tür einrennen.

Als alle Welt vor nicht einmal zwei Jahren dem Turbokapitalismus schon die Totenglocken läuten wollte und es bei der Neujahrsansprache den Anschein hatte, als würde zwischen den Mahlzähnen unserer Kanzlerin bereits eine Zyankalikapsel stecken, fühlten sich die Neubäuerin und ich seit Langem wieder einmal richtig Bolle.

Während sie damals Rote-Rüben-Suppe mit Weißkraut und Rinderknochen kochte und dabei vor ihrem geistigen Auge vorüberziehen ließ, wie viele VW-Aktien ein Teller dieses Vollwertgerichts wohl demnächst einspielen könnte, streichelte ich die Enten in der Tiefkühltruhe und rief ihr zu: »Pro Vogel nehmen wir ein iPhone, mit Innereien ein Krügerrand!«

»Vielleicht sollten wir den alten Elektrokoppelzaun dann doch lieber um unser Porreefeld stellen«, lachte die Frau, ihren Borschtsch rührend. Und ich bewunderte ihren Weitblick. Was fette Schafe im Zaum hält, würde mit Sicherheit auch die abgemagerten Hauptstädter schrecken, die dann im Hunger-Delirium über unser Dorf herfielen.

SIE: Na ja, man wird wohl mal träumen dürfen. Im Moment sieht es leider tatsächlich so aus, als gewinnt die Konjunktur wieder Oberhand, und ich bleibe auf meiner Rote-Rüben-Suppe sitzen. Während unsereins also vom Gold nur im Tiefschlaf etwas zu sehen bekommt, beginnt die Nase unseres Dachdeckers bereits in der Sonne zu glänzen. Handwerk, so heißt es, hat goldenen Boden, auch wenn schleierhaft ist, wie man den auf Dauer sauber halten kann.

Bislang hat zwar noch jeder Meister, ganz gleich aus welcher Zunft, mit großem Geheule auf diesen – zugegeben – reichlich abgedroschenen Spruch reagiert, aber trotzdem. Da mögen sie noch so laut über zu hohe Steuern, miese Zahlungsmoral und lernunfähige Lehrlinge jammern, wenn es mit Mutti sonntags rausgeht, fährt aus der Garage trotzdem der 5er BMW.

Autotechnisch sind die Herren fast immer auf dem neuesten Stand, was allerdings ihr Kommunikationsgebaren angeht, stecken sie noch im 19. Jahrhundert fest. Seit Wochen versuche ich schon vergeblich, eine Audienz bei seiner Durchlaucht, dem Kollegen Dachdeckermeister zu bekommen. »Ist unterwegs!«, entschuldigt sich zum x-ten Mal seine Frau, während unser vom großen Februarsturm ramponiertes Scheunendach seine klaffenden Wunden anklagend bereits in den Frühlingshimmel reckt. Wenn es bis zum Sommer nicht dicht ist, können wir künftig den schönen Holzbau nur noch als Freiluftdusche nutzen. Aber vom rettenden Dachdecker kommt trotz Handy, Mail und Fax null Reaktion. Kein Terminvorschlag, nicht mal ein schlichter Anruf.

Gerade als mir die Automatenstimme des Dachdeckerhandys wieder mitteilt, dieser Mann sei nicht erreichbar, steht der Gesuchte plötzlich vor mir. Ich zucke zusammen, und er setzt noch eins drauf: Wo ich denn gewesen sei, fünfmal schon hätte er vor unserem Haus haltgemacht und trotzdem niemanden angetroffen.

Ich gestehe, dass meine Intuition schwach und meine seherischen Kräfte nur mäßig ausgebildet sind. Beides reicht jedenfalls nicht, um diesem Zufallsprinzip beim Kundenservice folgen zu können.

Ich bin völlig überfordert, denn seine Kollegen halten es nicht besser. Mit Anrufbeantwortern sprechen Tischler, Elektriker und Heizungsmonteur scheinbar generell nicht. In meinen langen Jahren als Hausbesitzerin fand ich bislang nur einmal die Bemerkung »Ich komm dann mal vorbei« auf dem Band. Natürlich ohne Namensnennung und natürlich auch ohne Information darüber, wann mit der handwerklichen Heimsuchung zu rechnen sei. Da ist es schon erstaunlich, dass unser Schornsteinfeger vor ein paar Jahren die Kreide wegwarf und seine Besuchstermine nun statt an die Haustür auf kleine Klebezettel krakelt. Aber so richtig zeitgemäß scheint mir das auch nicht.

Bei einer derart ausgeprägten Scheu vor den Segnungen der modernen Kommunikationstechnik wundert es mich kaum noch, dass man auch zunftübergreifend der Post nicht traut, ganz gleich, ob sie gelb oder grün daherkommt. Kostenvoranschlag und Rechnung werfen die Meister persönlich in den Kasten.

Verstehen Sie jetzt, warum mich die Taube irritiert, die mir seit Tagen von unserem Dachsims ihre beringte Kralle entgegenstreckt? Ob sie vielleicht eine Botschaft für mich hat? Womöglich versendet der Wartungsservice für die biologische Kläranlage seine Termine gar per Brieftaube, und ich habe es nur noch nicht bemerkt.

ER: Und glauben Sie ja nicht, die Sache wird einfacher, wenn Sie die Kollegen dann endlich auf dem Hof haben. Nehmen wir nur einmal den Dachdecker. Nachdem er und seine Gehilfen das Scheunendach notdürftig geflickt hatten, ließen wir uns dazu hinreißen, ihm auch die Neueindeckung unserer denkmalgeschützten Immobilie anzuvertrauen.

Völlig überraschend hatten wir nämlich einen Brief aus Brüssel erhalten, in dem uns mitgeteilt wurde, dass die Europäische Union die Sanierung unserer morschen Aussteigerhütte für unterstützungswürdig erachtet.

Das war verwunderlich, denn weder die Bäuerin noch ich hatten die EU darum gebeten. Die Sache klärte sich aber schnell auf: Vor fünf Jahren hatten wir beim Landratsamt einen Zuschuss beantragt, um unser zweihundert Jahre altes Haus wieder auf Vordermann zu bringen. Dafür gab es damals das sogenannte Dorferneuerungsprogramm, und die Förderung, auf die man hoffen durfte, entsprach so ziemlich genau jener Lücke, die in der Region zwischen Schwarzarbeit und legaler Handwerkerleistung klaffte. Gerne hätten wir damals umgehend mit der »Erhaltung der ortstypischen Bausubstanz« begonnen, aber die Zusage ließ auf sich warten. Irgendwann fragte ich nach. Aber niemand von den dort ansprechbaren Mitarbeitern wusste, wann neues Geld aus der Landeshauptstadt in den leeren Fördertopf fließen würde. Und ob es dann überhaupt für alle Antragsteller reicht, konnte man mir auch nicht sagen. »Mein Name ist Hase«, hieß es im Amt für Bau- und Denkmalschutz.

Im Prinzip finde ich es völlig in Ordnung, wenn Menschen mit ihrer eigenen Hilf- und Ratlosigkeit offen umgehen. Schwerer fällt es mir allerdings, solche persönlichen Ohnmachtsbekundungen von Mitarbeitern des öffentlichen Dienstes entgegenzunehmen. Schließlich werden die Kollegen nicht dafür bezahlt, Zweifel an der Effizienz unseres Gemeinwesens zu nähren und harmlose Bürger in Verunsicherung zu stürzen.

Immerhin bekam ich auf die vorsichtige Frage, wer denn in unserer Sache vielleicht aussagefähig wäre, ein »eventuell Schwerin« entgegengemurmelt. Doch auch der Anruf in der Landeshauptstadt führte nicht dazu, mein Vertrauen in den bundesrepublikanischen Verwaltungsapparat zu stärken. Der zuständige Referatsleiter im Ministerium für Landwirtschaft, Umwelt und Verbraucherschutz erwies sich als ausgesprochene Frohnatur. Er freute sich, dass ich auf der Webseite der Landesregierung seinen Namen gefunden hatte, und erklärte mir kichernd, dass er tatsächlich die Mittel für das Dorferneuerungsprogramm an die Landkreise verteilen würde. Aber – und das war der eigentliche Grund für seine Heiterkeit – wegen einer unbefristeten Haushaltssperre sei er bereits seit geraumer Zeit zur Tatenlosigkeit verdonnert. »Wenn ich Sie wäre«, empfahl mir der humorige Referatsleiter, »würde ich nicht länger warten und mit dem Bau beginnen.« Auf mein erstauntes »Wieso?« erklärte mir der Mann, dass die Handwerker- und Materialpreise so rasant stiegen, dass sie die mir zustehende Unterstützungssumme längst aufgefressen hätten, bevor er wieder Geld zum Verteilen bekäme.

Nach diesem ernüchternden Telefonat bin ich erst einmal auf das Dach geklettert und habe an den Wellasbestplatten gerüttelt. Noch gaben sie nicht nach, noch hatten wir also ein wenig Zeit. Und so beschloss ich, das Problem auszusitzen und die öffentliche Hand nicht so billig aus ihrer Verantwortung zu entlassen.

Und siehe da, nun hatte sich Brüssel unseres Daches angenommen. Der Antrag lag jetzt nicht mehr im Landratsamt für Bau- und Denkmalschutz, sondern bei der für die Auszahlung von europäischen Agrarsubventionen zuständigen Kreisstelle.

Aber auch dort huldigte man einem unorthodoxen Arbeitsstil. Wurden wir bislang in den Ämtern mit Schulterzucken begrüßt, so schlug uns nun ein hemdsärmliger Aktionismus entgegen. Geld gäbe es, aber nur, wenn alle Bauarbeiten bis Ende August abgeschlossen wären, beschied man uns. Nur war da der Frühling auch schon so gut wie vorbei.

Da traf es sich gut, dass wir durch unser Scheunendach schon die Bekanntschaft eines vermeintlich vertrauenswürdigen Handwerkers gemacht hatten.

Nun ist es aber Sommer, und unser Haus steht noch immer oben ohne da. Zugegeben, das Dach ist groß, das Gebälk aus dem späten 18. Jahrhundert und das Haus vielleicht etwas zu archaisch, um den Ansprüchen des vorpommerschen Dachdeckerquartetts zu genügen.

8.55 zeigt die Uhr, und auf unsere Hollywoodschaukel lassen sich der Meister und seine drei Gesellen fallen. Seit acht Wochen geht das nun schon so. Fünf waren abgemacht. »Ab sofort hat's sich ausverwöhnt«, zisch ich die Frau an, nehme ihr den Kaffee aus der Hand und gebe anstatt der üblichen neun nur noch drei Löffel in die Maschine.

Wieder einmal werden wir Kronzeugen für den teflongleichen Stoizismus realsozialistisch geformter Handwerkerpersönlichkeiten.

»Das ist doch kein Dreizehner-Ring, sondern ein Dreizehner- Maulschlüssel«, werde ich gleich am ersten Tag vom Meister unter dem Gelächter der Gehilfen angeraunzt, als ich seine halbleere Werkzeugkiste mit Leihgaben aus unserem Hobbyraum auffüllen darf.

Dafür gefällt ihm unsere Schubkarre so gut, dass er sie Freitag um 12.30 Uhr regelmäßig mit auf seinen Transporter wirft, bevor er sich ins arbeitsreiche Wochenende verabschiedet. Es ist ja nicht so, dass sich die Kollegen nicht bemühen würden. Allein die Hälfte ihrer neunzigminütigen Mittagspause widmen sie mit rührender Regelmäßigkeit unserem Hund. Der kann jetzt sogar schon Männchen machen, vorausgesetzt, man hält ihm einen ALDI-Brathering vor die Nase.

Jetzt ist es zehn, und die Frühstücksrunde löst sich auf. Während ich sorgengefaltet die Tassen einsammle, klopft mir der Chef aufmunternd auf die Schulter: Keine Angst, vielleicht nicht das Dach, aber auf alle Fälle die nach oben korrigierte Abschlussrechnung haben wir bis September fertig. Und nun setzen Sie sich mal wieder schön an Ihren Computer und verdienen unser Geld. Kaffeekochen kann die Frau ohnehin besser.

Mans World (Yang)

BIS(S) ZUM DUNGHAUFEN
ODER WAS TUN, WENN DER NACHWUCHS
DIE ZÄHNE ZEIGT

SIE: Seit unsere Tochter das Gymnasium im nahe gelegenen Kleinststädtchen besucht, haben wir ein Problem.

Um nicht als Dorftrulla ins soziale Aus zu geraten, drängt die Hoferbin auf eine regelmäßige Erneuerung ihrer Außenfassade. Leider weiß die 16-Jährige preisgünstige Saisonware unserer Landkreis-Discounter überhaupt nicht zu schätzen, und das nächste angemessene Shoppingcenter ist etwa einen Tagesritt entfernt. Die junge Dame hat noch keine Fahrerlaubnis und anders als viele ihrer Klassenkameradinnen auch keinen Freund, der auf die Dreißig zugeht und einen rostigen Golf sein Eigen nennt. Deshalb bummelt sie bevorzugt nachts durch die virtuelle Einkaufswelt: »Ich brauch deine Kreditkarte« ist der zweithäufigste Satz nach der in einer Art Dauerschleife abgespielten Redewendung »Keine Aaahnung«.

Aber zumindest in den von ihrer Peergroup zugelassenen Stilrichtungen kennt sie sich prima aus. Selbst der Umgang mit dem Plastikgeld funktioniert mühe- und bedenkenlos. Irgendwie scheint dieser Generation der freie Datenverkehr ebenso ein Grundbedürfnis zu sein wie einst den 68ern die unbegrenzte Liebe. Den Hinweis zu einem acht- und vor allem sparsamen Einsatz meiner Kreditkarte quittiert die Hoferbin umgehend mit der Verbitterung einer Verbannten:

»Wenn ihr mich schon zu einem Leben abseits der Zivilisation zwingt, dann müsst ihr mir wenigstens online die Tür zur Welt offen halten.«

Sicher, den Nervenkitzel ihrer Berliner Freundinnen beim Klamottenklau in schwedischen Jugendmodefilialen können wir in der Provinz nicht bieten. Warum sie aber das angesagte Männerhütchen aus Stroh unbedingt online ordern musste, ist mir unklar. Das hätte ich neben dem Sack Weizen für die Hühner auch aus dem Baumarkt mitbringen können. Immerhin kostet das trendige Teil dort nur die Hälfte.

ER: In der Zeit und der Gegend, in der wir aufgewachsen sind, hielt man Yin und Yang noch für zwei führende Mitglieder des Zentralkomitees der Kommunistischen Partei Chinas. Inzwischen sind allerdings ein paar Jahre ins Land gegangen, und wenn heute auf dem iPhone der Hoferbin das Kürzel ZK aufleuchtet, ist selbst uns klar, dass diese Short-Message weder in Peking noch in Pjöngjang ihren Absender hat. Nein, dieses ZK auf dem pinkgerahmten Handy-Display bedeutet nicht, dass sich die Halbwüchsige hinter unserem Rücken in stalinistische Kaderstrukturen verheddert hat, sondern steht schlicht und ergreifend für Zungenkuss. Es ist die reichlich unromantische Formel, mit der sich der rotblonde Schlaks aus dem Nachbardorf via SMS von unserer Tochter allabendlich verabschiedet, bevor er sich seine Borussia-Dortmund-Bettdecke über den Kopf zieht.

Und Yin und Yang, auch das ist inzwischen geklärt, haben nicht auf dem Langen Marsch mit Mao Tsetung aus derselben Thermoskanne grünen Tee getrunken, sondern sind die zwei Grundpfeiler der altchinesischen Philosophie. Längst haben diese den Sprung über die Große Mauer geschafft und werden auch hierzulande gern als Sinnbild benutzt, um allen möglichen Gegensatzpaaren höhere Weihen zu geben.

Yin und Yang sind wie Mond und Sonne, Nacht und Tag, Feuer und Wasser, Pepsi und Coke, Windows und Apple, Dick und Doof, Mann und Frau oder – und damit sind wir beim eigentlichen Thema – Flex und Phlox. Denn was für den modernen Chinesen der Eiertanz zwischen Mao und Mammon ist, bedeutet für den Stadtflüchtling der Spagat zwischen Chaos und Kontemplation, Ruhe und Krach, Winkelschleifer und Sperrkrautgewächsen.

Die Phlox, auch Flammenblume gerufen, gehört in die letztgenannte Familie und erfreut sich, ungeachtet ihrer etwas knalligen Aufmachung, der besonderen Wertschätzung meiner Gattin, der Bäuerin. Während dagegen die Flex aus der großen Familie der lärmenden Schleif-, Trenn- und Poliermaschinen stammt und selbst für handwerklich unbegabte Landmänner wie mich genauso unverzichtbar ist wie Motorsäge und Sense.

Allein der Chinese – der allem Weiblichen gern ungefragt das Yin-Logo auf den Hintern pappt – liegt schief, wenn er nun meint, damit stünde die Frau a priori und in jeder Lebenslage für Dunkelheit und Stille. Denn jedes Mal, wenn ich – als vermeintlicher Repräsentant des ebenso sonnigen wie lauten Yang-Prinzips – mit dem Winkelschleifer beim Stutzen der Backstein-Beeteinfassung versehentlich eine der an den Rand gesetzten Phloxe an- oder abflexe, erhebt sich ohrenbetäubendes Geheul, durchzucken grelle Zornesblitze den ungetrübten dörflichen Samstagvormittaghimmel. Die Bäuerin, die eben noch von oben herab die Linienführung der Beetbegrenzung abgesegnet hat, tobt.

Kurzum, im Großen und Ganzen mögen die altchinesischen Welterklärungsrezepte ihre Berechtigung haben, im Speziellen aber greifen sie zu kurz. Für das Landleben einer mehrköpfigen Aussteigerfamilie genügen sie jedenfalls nicht. Hier geraten Yin und Yang in schöner Regelmäßigkeit aneinander, ermöglicht oftmals nur ein abendliches Fläschchen Rotwein die harmonische Wiedervereinigung von Tal und Berg.

Aber nicht nur Bauer und Bäuerin bekommen sich in die Wolle, auch der Nachwuchs keilt aus. Denn wenn sich etwas noch stärker beißt als Flex und Phlox, dann sind es Pubertät und Provinz. In den Augen einer Sechzehnjährigen ist das Wort Dorf nur ein Synonym für Gulag. Und was wir in Würde ergraute Exstädter für Idylle halten, also Stille, Vogelgezwitscher oder das morgendliche Stechen selbst gezogener Spargelstangen, ist für sie Psychoterror, Folter oder Zwangsarbeit und somit ein klarer Fall für die UN-Menschenrechtskommission.

SIE: Da ist schon was dran. Spätestens wenn beim Nachwuchs die Akne blüht, verliert die dörfliche Idylle ihren Reiz. Das Handy klingelt, auf dem Display leuchtet das Foto der Hoferbin, und mir schwant schon, was nun kommt. Schließlich ist es später Nachmittag und die Schule in der Kreisstadt vorbei. Richtig: Der pubertierende Nachwuchs sucht für eine spontane After-school-Party noch einen Chauffeur. Im nächsten

Moment bettelt die unternehmungslustige Tochter: »Mama, kannst du uns bitte, bitte abholen. Wir wollen zu Leo nach Hammelstall. Auf dem Weg nehmen wir noch die Grimmer mit. Und vergiss nicht, Zahnbürste und Schlafsack einzupacken!« Uff … Im Klartext bedeutet das, 17 Kilometer zur Schule, zwölf zum nächsten Dorf, weitere acht zum Ziel – und dasselbe retour.

Da ist das Mutti-Taxi wieder bis zum Abend ausgebucht. Den Sonnenuntergang darf ich auf der Landstraße genießen anstatt entspannt auf der Gartenbank. Der Gedanke schmerzt ebenso wie der Blick auf die Tankanzeige, während ich das Auto anlasse: Schon wieder fast leer. Die altersgerechte Freizeitgestaltung unserer Hoferbin raubt nicht nur Zeit, sondern auch Geld.

Aber so kalt kannst du nicht rechnen, rede ich auf den letzten Metern vor der Schule auf mich ein. Und schon reißen vier aufgekratzte Junghühner die Wagentür auf, überglücklich, einen Abend der dörflichen Einsamkeit zu entkommen. Wahrscheinlich sollte ich sogar froh sein: Immerhin hat das Kind im menschenleeren Norden ein Dutzend Gleichgesinnte gefunden. Das zwar in einem Umkreis von 60 Kilometern und auch noch auf Kosten von Muttis Freizeitkonto, aber dafür schicken wir irgendwann ein sozial kompetentes Wesen in die Welt.

»Und wie war's?«, versuche ich am nächsten Tag so beiläufig wie möglich bei der sichtlich entkräfteten Tochter zu erkunden. »Och, ziemlich eng«, antwortet sie, »wir hatten nur ein Drei-Mann-Zelt für acht Leute und die Jungs keinen Schlafsack dabei.« Für einen kurzen Moment bleibt mir die

Spucke weg. Mir fällt die Gebärmutterhalskrebsimpfung ein, die noch immer ansteht, und ob Pille, Spirale oder lieber Vaginalring, ist bis heute auch noch nicht ausdiskutiert. Doch dann fallen die Namen Kaspar, Paul und Joschi, und mein Puls läuft wieder normal. Alles nette Buben aus gut beleumundeten Aussteigerhaushalten und durch die Bank einen halben Kopf kleiner als die eigene Brut.

Die hat natürlich meinen kleinen Blackout gleich schamlos ausgenutzt und ist in ihr Dachstübchen enteilt, bevor ich ihren Aufgabenkatalog für den Nachmittag aufschlagen konnte. Statt also umgehend – wie es der Plan vorschreibt – den Pferdestall auszumisten und die abrasierten Achselhaare endlich aus dem Waschbeckenabfluss zu fischen, geht sie natürlich sofort ins Netz, um den Partyabend in Hammelstall online auszuwerten. Angesichts der Gefahren, die dort lauern, sind ihre dörflichen Lagerfeuernächte eigentlich ein harmloses Unterfangen. Lieber mit drei Kumpels die Iso-Matte geteilt, als mit 30 gesichtslosen Individuen im dunklen Chatroom geflirtet. Da bleib ich – wohl oder übel – noch ein paar Jahre als Mutti-Taxi in Rufbereitschaft.

ER: Der Abfluss ist noch immer verstopft, und zumindest dieser Paul ist der Hoferbin längst über den Kopf gewachsen. Und was heißt hier »gut beleumundeter Aussteigerhaushalt«? Als ob alternative Lernkonzepte was gegen den jugendlichen Paarungsdrang ausrichten könnten. Aber natürlich seien der jungen Dame solche raren Vergnügungen gegönnt. Denn egal ob nun nach Makarenko, Mixa oder Montessori erzogen, das Landkind hat ohnehin kaum noch einen Grund zum Feiern.

Gut, solange es gewindelt im Wagen liegt, mag ihm die väterliche Scholle zum Vorteil gereichen. Mit einem warmen Ziegelstein unter der Decke kann es den Winter über im Garten den Frösten trotzen, um dann im Sommer mit bärenstarker Lunge die Stare aus den Kirschen zu brüllen. Und auch dem Krabbelkind bietet das Landleben noch etliche Glücksmomente. Etwa wenn es, zwischen die Erdbeeren gesetzt, mit der Linken gesunde Vitamine pflücken darf, während es mit der ungelenken Rechten gefräßige Schnecken zerdrückt.

Doch wehe, der lange Bildungsweg beginnt! Dann leiden nicht nur das Kind, sondern auch seine in der Ödnis siedelnden Erzeuger. Ihre kleine traute bäuerliche Gemeinschaft verkommt zum hektischen Logistikunternehmen. Das »Mutti-Taxi« zu nennen ist ein glatter Euphemismus. Eine Tankfüllung mag noch bis zur nächsten Schulbushaltestelle reichen, doch spätestens nach einem halben Jahr muss der Reservekanister mit. Genügten dem Kind bis dahin Huhn und Hund als Spielgefährten, beginnt es nun auf dem Pausenhof, mit der eigenen Spezies zu fraternisieren. Im Ranzen stapeln sich die Einladungen zu Geburtstags- und Halloweenfeiern, Fußball- oder Cheerleaderturnieren. Statt im Garten oder am Angelteich verbringt die Familie nun ihre Freizeit auf der Straße, nimmt Tagesreisen ohne Spesenrückerstattung in Kauf, damit der Nachwuchs pünktlich bei Patrick oder Pamela an der Play-Station sitzt.

Auch deshalb kann, wer Kinder hat, von Katzen nur lernen. Als Mütter wissen sie genau, wann es Zeit wird loszulassen. Wurde gerade noch der achtköpfige Wurf geleckt, gesäugt, geherzt, bekommt er umgehend die harte Tatze zu spüren, sobald er das erste Rotkehlchen mit eigener Kralle vom Kirschbaum gefegt hat. Aus dem ehemals geliebten Sohn wird eine vermöbelungswürdige Nervensäge, aus der eigenen Tochter eine gefährliche Mitbewerberin im Kampf ums spärlich gestreute Trockenfutter. Bei uns Menschen dagegen ist dieses Gespür verkümmert. Was bei Frau Katze mit ein paar Backpfeifen binnen weniger Tage geregelt wird, zieht sich bei uns über Jahre hin und endet immer öfter erst, wenn die selbstlosen Eltern zum Pflegefall werden.

SIE: Kaum stehen diese Zeilen auf dem Bildschirm des Mannes, schlägt die Tochter Alarm, deren frisch erblühter Liebreiz immer öfter die Halbwüchsigen der umliegenden Dörfer wie Jungkater jaulend vor unsere Gartenpforte lockt. Ob hier, so fragt die Hoferbin, mit der Lobpreisung häuslicher Gewalt dummdreist die »Spiegel«-Sachbuchliste gestürmt werden soll. Dabei schüttelt sie sich vor Empörung so heftig, dass ihr der Schal vom Hals rutscht und ein Unterdruck-Hämatom freilegt. »Hurra!«, brüllt der Neubauer und »Wir sind gerettet!«. Irritiert ob der Jubelstürme, die ihr erster Knutschfleck beim Vater auslöst, fordert die Tochter Aufklärung. »Vergiss die Sachbuchliste«, ruft er ihr zu, »wir verdrängen Frau Meyer aus den Bestsellercharts: Bis(s) zum Dunghaufen, das ist es, ein Vampirroman aus dem ländlichen Vorpommern.«

SCHMETTERLINGE UND KNEIPENGLOCKEN
ODER VON FAULEN KELLNERN
UND FETTEN KOHLWEISSLINGEN

SIE: Nicht allein der Nachwuchs hat Bedürfnisse. Zuweilen gelüstet es auch eine überzeugte und voll ausgewachsene Dörflerin nach Geselligkeit und – einem frischen Bier vom Fass. Erst recht, wenn die Zunge nach der Sauna trocken ist wie nach drei Tagen manueller Heuernte. Da verspricht eine offene Kneipentür im nahe gelegenen Kleinststädtchen Linderung. Enthusiastisch stürme ich mit meiner Freundin die einzige nach 21 Uhr noch beleuchtete Getränkequelle. Wir entdecken zwei bekannte Gesichter in dem ansonsten verdächtig leeren Saal, setzen uns zu ihnen und rufen in Vorfreude auf einen lustigen Wirtshausabend unsere Bestellung in Richtung Tresen. Ein hartnäckiges Kopfschütteln der Kellnerin macht uns schnell klar: Hier sind wir nicht erwünscht.

Ich kann mich nicht erinnern, in diesem Lokal schon negativ aufgefallen zu sein. Fühle mich allerdings, als trüge ich den Stempel Hausverbot auf der Stirn. Dabei bin ich bei der zuständigen Polizeidirektion weder als Zechprellerin, Erregerin öffentlichen Ärgernisses oder gar Körperverletzerin aktenkundig. Und nur weil ich im letzten Quartal dreimal den Blitzer auf der Zufahrtstraße zur Kreisstadt vergessen habe, wird man mich hier doch nicht austrocknen lassen wollen.

Also nehme ich einen neuen Anlauf und gehe auf die wortkarge Schankkraft mit meinem freundlichsten Lächeln zu: »Guten Abend, wir hätten gerne zwei regional typische alkoholhaltige Kaltgetränke auf Hopfenbasis.« Die nicht mehr ganz so junge Dame am Zapfhahn schüttelt den Kopf und deutet auf die Wanduhr hinter ihrem Rücken: »Nö, is nich, hier is seit zehn Minuten Küchenschluss!« Dann zieht sie einen bejahrten Abwaschlappen aus der Spüle und beginnt ihre Reinigungsarbeit.

Vergeblich merke ich an, dass wir unser Bier weder gekocht, gedünstet noch gegrillt haben wollen, auch nicht mit Mischgemüse oder Kartoffelbrei garniert, ja nicht einmal nach einer Scheibe Toastbrot stünde uns der Sinn.

Alles, was wir wollten, seien zwei kleine Bier, erkläre ich, mühsam mein Lächeln haltend, und um den Zapfhahn um 45 Grad zu drehen, müsse sie, die hochverehrte Kollegin Kellnerin, doch nicht einmal einen ihrer Füße bewegen, geschweige denn, die seit nunmehr elf Minuten geschlossene Küche widerrechtlich aufschließen.

Aber genauso gut hätte ich auch mit dem ausgestopften Hecht reden können, der neben der unerbittlich weiterlaufenden Wanduhr hing und mich aus seinen leeren Augenhöhlen grimmig anstierte. Die Kellnerin jedenfalls zuckt nur mit den Schultern und beginnt demonstrativ, die Kittelschürze aufzuknöpfen, die sie als Dienstkleidung über ihrem DFB-Trikot trägt. Von wegen Sommermärchen, fluche ich und kehre kopfschüttelnd zum Tisch zurück.

Gemeinsam grübeln wir – vier Leute mit zwei halben Bierchen –, woher eine derart fragwürdige Berufsauffassung kommt. Jeder von uns hatte Vergleichbares schon in anderen brandenburgischen Landgasthöfen erlebt. Möglich, gibt mei-

Bereit zum Wildkraut-Workout

ne Freundin zu bedenken, dass die vielen Abende in den mehrheitlich verwaisten Gasträumen beim Personal dazu führen, Gäste nach Einbruch der Dunkelheit als Belästigung oder gar Bedrohung zu empfinden.

Einer aus der kleinen Runde, in den Wintermonaten in der hauptstädtischen Off-Theaterszene engagiert, schlägt sogleich vor, dieser Unart unter Künstleraufsicht mit einem kommunalen Aktionsprogramm zu Leibe zu rücken. Die letzte Neige einträchtig leerend, skizzieren wir die Regieanweisungen auf unserem trockenen Bierdeckel: Ein-Euro-Jobber werden statt zum Rasenmähen oder Laubharken in die verwaisten Kneipen der Region geschickt. Dort dürfen sie in geselliger Runde nach Herzenslust Bier und Schnaps konsumieren und so dem Personal das gute Gefühl vermitteln, endlich wieder gebraucht zu werden. Die Rechnungen werden selbstverständlich aus dem Sachmittelfonds der Bundesagentur für Arbeit beglichen. So würden zwar die Einschaltquoten der nachmittäglichen TV-Trash-Talk-Shows sinken, aber die soziale Kompetenz und das Selbstwertgefühl des ländlichen Prekariats spürbar wachsen. Doch noch bevor aus dieser schönen Kneipenidee ein förderfähiges Konzept werden kann, sitzen wir auf der Straße.

Sie werden vielleicht verstehen, dass man unter solchen Umständen lieber auf Nummer sicher geht und mit Freunden an der eigenen Tafel zecht.

Dazu gehört natürlich auch ein ordentliches Stück Fleisch, auch wenn es in den letzten Jahren immer mehr Gäste in unsere Küche verschlägt, die beim Anblick eines knusprig gebratenen Tiergelenks nicht – wie unsereins – in Verzückung ausbrechen. Verständlich, dass der Biorind-Züchter meines Vertrauens froh ist, dass ich dem Trend trotze und unsere lose Geschäftsbeziehung nicht abbrechen lasse.

Dass ich jetzt hier bin auf seinem Hof, um meine sechs Kilo frisch geschlachtetes Rindfleisch abzuholen, rechnet er mir hoch an. Ja, angesichts der aktuellen Debatte über die ethische Fragwürdigkeit des Verzehrs toter Tiere gehört schon etwas Mut dazu, eine ganze Waschschüssel rot leuchtender Steaks und klein gehackter Rinderknochen in sein Auto zu wuchten. Sicher, die ostdeutschen Dorfstraßen sind keine Veganerflaniermeilen, hier droht auch nicht die sofortige soziale Ächtung, nur weil man seinem greinenden Kind statt des Naturkautschukschnullers ein Eberswalder Würstchen zwischen die Lippen schiebt. Aber trotzdem – drei Stammkunden meines Direktvermarkters sind bereits umgefallen und haben ihr Frischfleischabo fristlos gekündigt.

Klar, dass der Mann nun um seine Existenz bangt. »Uns droht«, sagt er, als er mir noch zwei Tüten mit Gehacktem als Gratisgabe reicht, »das gleiche Schicksal wie den Indianern.« Ich gucke ihn fragend an. »Als die Weißen in ihr Land kamen, knallten sie erst einmal alle Büffel ab. So zum fleischlosen Dasein gezwungen, blieb den geschundenen Rothäuten nur noch der Griff zur Flasche, und heute sind sie fast ausgestorben!«

So nachdenklich gestimmt, fahre ich heimwärts, wo bereits der Gatte das Grillfeuer schürt. »Hast du unseren Besuch vergessen?«, mault er statt einer Begrüßung mir entgegen. »Das erst kürzlich ins Nachbardorf gezogene frühverrentete Pädagogenpärchen aus Nürnberg wollte heute kommen.«

Aha, sage ich und höre sie schon entfernt völlig aufgewühlt rufen, ob sie die Polizei oder den Notarzt holen sollen. Erschrocken zeigen sie auf die Blutspur, die sich von der Garage bis in die Küche zieht. Ach Gott, die Plastetüten unseres Fleischproduzenten waren augenscheinlich undicht.

Diese simple Erklärung hätte ich wohl besser für mich behalten. Jedenfalls sehen mich unsere Gäste an, als hätte ich ihnen soeben einen Dreifachmord gestanden. Und mitten in ihr stummes Entsetzten platzt dann auch noch mein unsensibler Mann: »Medium oder blutig, wie hättet ihr denn eure Steaks gerne? Und keine Angst, 100 Prozent Bio und völlig adrenalinarm, das Fleisch. Hier werden die Rinder noch eigenhändig totgestreichelt.« Aber über diesen Witz lacht nur noch er. »Die sehen wir so schnell nicht wieder«, seufze ich, während sich die fränkischen Migranten auf ihre Räder schwingen und grußlos in die Dämmerung rasen. Immerhin scheint die menschliche Wadenmuskulatur auch ohne Fleischkonsum bestens zu gedeihen.

ER: Es ist ja nicht so, dass wir grundsätzlich ein gespaltenes Verhältnis zu jenen Mitbürgern haben, die es mit der glücklichen Wiedervereinigung nach Osten drängte. Im Gegenteil.

Mir zum Beispiel gefällt der Menschenschlag, der tief im Südwesten unserer Heimat wurzelt, so sehr, dass ich hin und wieder sogar seine angestammten Siedlungsgebiete besuche. Aber auch in dieser idyllischen Gegend ist Vorsicht geboten.

Als ich unlängst, von prächtigen Riesling-Rebstöcken umstellt, auf einem Steilhang an der Mosel stand, wähnte ich für einen Moment, die 1. US-Luftkavallerie hätte sich in Raum und Zeit vertan und das beschauliche Flüsschen mit dem Mekong verwechselt. Aus dem Nichts tauchte plötzlich ein Helikopter auf, um unter infernalischem Gedröhn eine klebrige Flüssigkeit über den Weinberg zu versprühen. Apocalypse Now! Unwörter wie Napalm und Agent Orange schossen mir durch den Kopf, während ich bäuchlings auf dem schrägen Schieferboden Schutz suchte. Hätte das Außenministerium vor Reisen nach Rheinland-Pfalz gewarnt, wäre ich im heimatlichen Pommern geblieben oder hätte mir wenigstens – wie der Taliban am Hindukusch – eine FIM-92 Stinger-Rakete über die Schulter geschnallt. So aber war ich, im Schlagschatten der Rotorblätter wehrlos liegend, einer Spezialbehandlung gegen Mehltau- und Grauschimmelbefall ausgesetzt.

Leicht angesäuert schlug ich wenig später beim Winzer meines Vertrauens auf. »Absolut harmlos, alles beinah Bio«, so der Mann, der mich seit geraumer Zeit postalisch mit Weißwein versorgt. Während ich mich von »Brückstück Kabinett feinherb« zu »Uhlen Spätlese trocken« durch die diversen Lagen seines Dorfes trank, ebbte mein Unmut ab. Geschmackssinn und Sehvermögen hatten den Luftangriff zum Glück unbeschadet überstanden. »Kein Vergleich zu früher«, beruhigte mich die Frohnatur von Winzer, »da hat man hier den Wein noch ohne Schutzausrüstung und von Hand mit einer Arsen-Nikotin-Mischung gegen die Reblaus immunisiert.«

Und recht hat der Mann, denn wer einen guten Riesling oder Burgunder von den schwer zugänglichen Steilhängen der Mosel unter 20 Euro trinken will, kann sich schwerlich darüber empören, wenn dort hin und wieder Hubschrauber-lärm die Idylle trübt.

Daheim gibt es ähnliche Diskussionen. Etwa wenn unsere Sommergäste angstvoll fragen, ob wir tatsächlich unsere Kartoffeln mit dem Regenwasser nässen, das über das Asbest-dach der Scheune rinnt.

Die Bäuerin macht sich dann oft einen Spaß daraus und serviert die Ernteerträge aus dem kontaminierten Beet mit frischen Kräutern und Quark. Und während unsere Besucher mit angstvoll zittriger Hand die Pellkartoffeln häuten, zitiert sie dann für gewöhnlich aus einer Untersuchung des Frauenhofer-Instituts. Danach sind in dem Trinkwasser der großen deutschen Städte frei gelöste Asbestfasern in einer Größenordnung von bis zu 1,57 Millionen Fasern pro Liter anzutreffen, weil bis 1995 hierzulande beim Wasserleitungs-neubau das Verlegen von Asbestfaserzementrohren als unbedenklich galt.

In Amerika raten die Umweltbehörden bei solchen Werten in der Regel vom Gebrauch der Dusche ab, könnten doch die krebserregenden Fasern durch den Wasserdampf in die Lunge geraten.

Natürlich wird auf Äckern und in Ställen aus Profitgier oder Bequemlichkeit viel Schindluder getrieben, türmen sich neben manchem Dunghaufen die Medikamentenverpackungen und Pestizidsäcke. Dagegen Sturm zu laufen ist Verbraucherpflicht! Doch nicht jede Pflanzenschutzmaßnahme bürgt die Gefahr eines neuen Seveso in sich. Wenn die Blattläuse in Heerscharen über die Johannisbeersträucher herfallen, nutzt es wenig, wenn man allein auf den Killerinstinkt der Marienkäfer setzt. Mehr als 50 Läuse täglich schafft auch der putzige Nützling nicht. Was bleibt einem also anderes übrig, als Wagners Walkürenritt in den CD-Player zu legen und – wenn schon nicht den Helikopter, so doch wenigstens die mit stinkender Brennnesseljauche gefüllte Gießkanne über die befallenen Pflanzen kreisen zu lassen. Zwar ist auch die Blattlaus eine Kreatur Gottes, doch enden alle verwandtschaftlichen Gefühle jäh, wenn sie uns um Frühstücksmarmelade und Feiertagslikör zu bringen droht.

SIE: Zu dem Thema hätte ich dann allerdings auch noch einiges zu sagen.

Denn egal ob mit oder ohne Walkürenritt, gegen den Kartoffelkäfer oder die Raupe des Großen und Kleinen Kohlweißlings ist selbst die höchstkonzentrierte Brennneseljauche machtlos. Es gibt Bewohner in unserem Dorf, die schwören auf Tabakbrühe. Aber so weit kommt es noch, schließlich will ich nur meinen Blumenkohl retten und nicht auch noch den Staatshaushalt. Mir bleibt also nichts weiter übrig, als selbst Hand anzulegen und die fiesen Schädlinge von den jungen Pflanzen zu kratzen.

Nachdem ich anfänglich dieser Arbeit nur widerwillig nachkam, kann ich ihr inzwischen gleich mehrere gute Seiten abgewinnen. Zwar bin ich noch nicht so weit wie die Japaner, die Schmetterlings- und Fliegenlarven mit Zucker und Soja einkochen, um sie dann unter so hübschen Namen wie »Keiko« oder »Zaza-mushi« Gästen als kleinen Abendsnack zu servieren, aber das kann ja noch kommen. Vorerst landen die ekligen Viecher bei den Hühnern, die sich für diese Extraportion Eiweiß und Fett mit einer spürbar erhöhten Legeleistung bedanken.

Aber weitaus wichtiger ist ein zweiter Aspekt dieser zeitraubenden Pflanzenpflegemaßnahme. Ich sage nur Adho Mukha Shvanasana oder der Herunterschauende Hund. In der Stellung entgeht mir nicht eine einzige Raupe, und ganz nebenbei schießt eine gehörige Ladung sauerstoffreiches Frischblut in meinen gesenkten Schädel. So kann ich ohne schlechtes Gewissen meine Yoga-Matte in die Sommerpause schicken. Das Einsammeln von Larven und Käfern gehört wie Jäten, Hacken und Umgraben nämlich inzwischen zu meinem saisonalen Workout-Programm. Die Muskeln und Geist stärkenden Übungen mache ich nun an der frischen Luft. Statt gekreuztem Ausfallschritt mit Kurzhantelruder – wie von führenden Frauenzeitschriften empfohlen –, trainiere ich den einfachen Ausfallschritt mit Grabegabel. Der Liegestütz in T-Position wird abgelöst vom Vierfüßlerstand mit dem Wurzelstecher. Ein nützliches kleines Gerät, um Löwenzahn und Sauerampfer den Garaus zu machen. Diese Bewegung bringt übrigens auch den Bizeps in Form. Meine Versuche mit links fallen allerdings noch sehr kümmerlich aus. Da muss ich dranbleiben.

Nicht zu unterschätzen ist auch der meditative Effekt beim Wildkraut-Workout. Zwei Stunden mit Vogelmiere, Taubnessel und Giersch auf Augenhöhe verbracht, ersetzt jede Art von fernöstlicher Tiefenentspannung – ob nun mit Gong oder Mantra. Der Kopf nach der erdnahen Arbeit ist so aufgeräumt wie der lockere dunkle Gartenboden vor mir. Alles Belastende kommt mit dem Grünzeug auf den Kompost. Falls es hinterher an der einen oder anderen Stelle schmerzhaft zieht, weiß ich: Dorthin muss ich meinen Atem beim nächsten Mal noch bewusster schicken. T i e f   e i n - a t m e n, die Brennnessel fassen, rausreißen und t i e f a u s - a t m e n. Das Loslassen kommt dabei gewöhnlich von ganz allein.

Eine befreundete Stadtbewohnerin fiel einmal bei einem gemeinsamen Wildkraut-Workout in einen beeindruckenden Rauschzustand. Die befreiende Wirkung war für die meditativ durchaus erfahrene Vollzeit-Intellektuelle so einschneidend, dass sie nun regelmäßig dabeisein möchte.

Vielleicht lässt sich das ausbauen. Warum sollen nur zwei Frauen in der Gartenfurche Entspannung finden? In der Gruppe geht vieles leichter, und mein Gemüsefeld ist viel schneller bereit für die Frühjahrsbestellung: Also, ein Wochenend-Workshop müsste her. Eigentlich kann das nur ein Erfolg werden, wo doch schon viele Städterinnen Blumensamen zwischen die Asphaltritzen vor ihrer Haustür stecken. Nur um auch einmal dem Glücksgefühl einer Gärtnerin nahezukommen.

DER VERLUST DER MITTE
ODER PROSECCO TRIFFT PLAZENTA

SIE: Sobald Anfang Juli die ersten Sommergäste in unser kleines Nest einfallen, beginnt ein veritabler Verfall der ländlichen Sitten, ein schleichendes Aufweichen der preußisch strengen Arbeitskultur.

Bereits zum Nachmittagskaffee kreist die Proseccoflasche, und mein bäuerlicher Elan kommt beim ausgedehnten Siestafeeling zum Erliegen. Verführerische Paella-Düfte wehen vom Nachbarferienhaus herüber, und ehe man sich's versieht, sitzt man schon am trendigen Freiluftherd der Urlauber und lässt die Rotweinflaschen kreisen.

Der Hahnenschrei am nächsten Morgen bleibt folglich ungehört. Die Hühner warten umsonst auf ihr Bio-Körnermix-Frühstück. Selbst die Spätgeborene, die sonst mit dem Gockel in aller Frühe um die Wette krakeelt, mutiert plötzlich zum Langschläfer. »Nein, so geht das nicht weiter«, mosert mein Mann verzweifelt nach einer Woche, »die Dauerparty der Urlauber zerstört die traditionelle Arbeitsmoral.« »Na ja, die sind ja inzwischen auch in der Überzahl und genießen eben ihr kurzes Landleben«, versuche ich meine Sympathie für die Teilzeit-Dörfler zu rechtfertigen. »Und sieh es doch mal praktisch: Für täglich eine Handvoll Kräuter und überzählige Zucchini bekomme ich die abgelegten Kleider der Hauptstadtfrauen aus der Vorsaison. Außerdem sparen wir

Karen Duve wohnt hier nicht

das Geld für den Urlaub. Der Süden ist längst hier mit Oleander auf der Terrasse und Olivenbäumchen im Garten.«

Wenn jetzt noch einer der vielen Dorfbesucher die alte Stallruine für ein neues Leben im Grünen entdeckt, hat sich das ganze Sommertheater wieder gelohnt. Irgendwas bleibt immer hängen von den Sommerfrischlern. Und sei es nur, dass im nächsten Jahr unsere Dorfgaststätte zum Bauernfrühstück ohne Speck auch noch Kinder-Cappuccino anbietet.

ER: Ist der letzte Urlauber endlich fort, geht der Spätsommer auch schon seinem Ende zu. Der Rasen stellt sein Wachstum ein, und der Kreiselmäher geht in die Winterpause. Endlich hat der Landmann wieder ein wenig Zeit, bevor es dann ans Einsammeln von Kartoffeln und Äpfeln, ans Mosten und Maischen geht. Nun, da Flora und Fauna einen Gang zurückgeschaltet haben, darf er sich endlich wieder dem Metaphysischen widmen. Der Bibel zum Beispiel. Man kennt das ja aus alten Western: Die Farmerfamilie sitzt in ihrem neuen Blockhaus, der Vater liest ein paar nette Psalmen aus der Heiligen Schrift, und schon steht eine Rothaut in der Tür, um die neuen Nachbarn auf landestypische Weise willkommen zu heißen. Schwupps, ist Papis Frisur derangiert, die Tochter defloriert, und der Sohnematz fällt – von finsteren Rachegelüsten getrieben – vom Glauben ab. Bei uns im östlichen Grenzland kann so etwas nicht passieren. Hier fallen durchs Unterholz streunende Angehörige fremder Ethnien bereits im Herbst dem waidmännischen Ungeschick westdeutscher Jagdtouristen zum Opfer. Trotzdem ist es für den Landmann ratsam, die dunklen Winterabende zur Festigung des christlichen Basiswissens zu nutzen. Und sei es auch nur, um den neuheidnischen Marotten exaltierter Städter zu trotzen. Seit nämlich das staatliche Erziehungsgeld den Zeugungswillen urbaner Mittelstandspaare angestachelt hat, klopft es immer öfter an unserer Tür. Junge Mütter strecken einem ihr Neugeborenes entgegen, während ihre Männer OBI-Baumsetzlinge aus dem Kofferraum wuchten: »Guten Tag, Freunde! Habt ihr nicht ein lauschiges Plätzchen für die Plazenta von Ruben-Konstantin?« Und schon liegt der tiefgefrorene Mutterkuchen auf unserem Küchentisch.

Natürlich sind wir immer gern bereit, Städtern unter die Arme zu greifen. Wir nehmen die grünen Knollenblätterpilze aus ihren Körbchen, lassen sie zur Manöverzeit nicht über den Schießplatz der Bundeswehr spazieren und stecken ihren lamentierenden Nachwuchs zu Rex in den Hundezwinger, wenn die Ritalinvorräte zur Neige gehen. Aber hier hört der Spaß auf. Für das kultische Versenken von fremden Klinikabfällen geben wir keinen Quadratmeter unseres saftigen Pommernlandes her. Da junge Eltern aber nichts so sehr befremdet wie eine abgeschlagene Bitte, ein schroffes Nein, greife ich lieber zur Bibel. »Was hat Maria mit der Plazenta von Jesus gemacht?«, frage ich unsere Besucher und ernte nur unverständliches Achselzucken. »Eben! Keinem der Evangelisten war ihr Mutterkuchen eine Erwähnung wert, was nur heißen kann, dass Josef sie einfach zusammen mit dem anderen Stallmist auf den Dung gekarrt haben muss. Das dürft ihre gerne auch, da hinten ist der Haufen und Dank vorab, im Namen der hungrigen Hühner.«

Das reicht, um Mami und Papi mit Baby, Baum und Tiefkühlbeutel grußlos davonbrausen zu sehen. Auch wenn die Gattin der Meinung ist, ich sollte es mit meinem bäuerlichen Fundamentalismus nicht übertreiben: »Wer weiß, vielleicht hätte es sogar unserem Boden gutgetan, immerhin sind die Eltern von Ruben-Konstantin beide Nichtraucher und ernähren sich sogar vegan.«

»Nichts da!«, entgegne ich barsch, »nicht am Hindukusch müssen wir unsere christlich-abendländischen Werte verteidigen, sondern hier am Hollerbusch!«

SIE: Andererseits gehört der Neubauer zu jener Sorte Mann, die ihre ehernen Grundsätze auch schon mal in die Schrottpresse legen, wenn es die Umstände oder der häusliche Friede erfordern. Ich selbst bin in solchen Dingen ohnehin ganz anders gestrickt. Gehöre ich doch zu den Menschen, die nichts verkommen lassen können. Die Lageräpfel, die wir im November vor den Krähen gerettet haben, werden der Hoferbin auch noch im April zum Pausenbrot in die Schultasche gelegt. Gewiss, die sind dann schon etwas mürbe, und das Kind sehnt sich spätestens im Februar nach einem EU-genormten Apfel aus dem Supermarkt. Aber Pustekuchen! Dafür sind wir nicht aufs Land gezogen, dass wir mit teuer eingeflogenen australischen Vitaminspendern die familiäre Ökobilanz versauen.

Und weil ich eben nichts verkommen lassen kann, haben wir im Vorjahr nicht nur das selbst gezeugte Baby aus unserem Land-Krankenhaus mitgenommen, sondern auch den dazugehörigen Mutterkuchen.

Es war ein bisschen wie im Restaurant, als die Hebamme fragte: »Wollen Sie die Plazenta mitnehmen? Wir packen sie Ihnen auch ein.« So landete die blutige Nährhülle unseres jüngsten Frischlings in eine Plastiktüte gewickelt im Tiefkühlfach; neben dem längst überfälligen Zander.

Mein Gatte, von seiner neuerlichen Vaterschaft schwer gebeutelt, hatte nicht einmal die Kraft, sein Veto einzulegen. Aber vielleicht gab ihm auch das Ergebnis meiner spontanen Dorfumfrage zu denken. Von wegen christliches Abendland: Auf fast jedem zweiten Gehöft steht ein sogenannter Lebensbaum mit einer Plazenta als Grabe-Beigabe. Dafür hatten vornehmlich die urbanen Sommerfrischler gesorgt.

Bis zum Frühjahr hatte ich endlich des Neubauers Restwiderstände ausgeräumt. Auf der Streuobstwiese standen ohnehin Neuanpflanzungen an, und außerdem wurde der Platz in der Tiefkühltruhe für eine Wildschweinkeule gebraucht.

»Gefroren oder aufgetaut«, fragt mein Mann immer noch etwas genervt, während er das Loch für die Mutterkuchen-Beerdigung und die auserwählte Blutpflaume aushebt.

Unsicher googelte ich das Problem im Internet. Zum Aggregatzustand der Nachgeburt findet sich leider nichts, dafür aber dieser Hinweis: »Die Plazenta sollte 30 bis 50 Zentimeter unterhalb des eigentlichen Pflanzloches vergraben sein. Also etwas Erde draufschütten, damit die Bodenorganismen das Eiweiß erst aufschließen können, bevor es von den Wurzeln des Baumes erreicht wird.«

Diese nüchterne Pflanzanleitung stimmt mich nachdenklich: Ist das Vergraben der Plazenta vielleicht doch nur eine spirituell aufgeladene Dünge-Maßnahme? Eine Freundin macht es mit ihren Tomaten eigentlich nicht viel anders: Nur nimmt sie mangels Nachgeburt einen alten Fisch. Immerhin gelingt es mir, mit dieser Mutmaßung wenigstens den Neubauern zu versöhnen. »Na, wenn das so ist!«, ruft er erleichtert aus und wirft zwei Schaufeln gut abgelagerten Pferdemist über die Plazenta. Spätestens damit ist der von mir anberaumten Mutterkuchenversenkaktion vollends jede sakrale Weihe genommen.

ES WERDE LICHT!
ODER WAS DER BAUER SO FÄHRT, ERFÄHRT
UND UMFÄHRT

ER: Der Bauer braucht ein neues Auto. Und diesmal soll es tatsächlich frisch vom Band kommen und allen Ansprüchen des dörflichen Lebens Genüge tun. Als politisch denkender Mensch weiß man natürlich, dass solch eine Kaufentscheidung auch ein politisches Statement ist. Wenn es also schon ein neues Auto sein muss, dann sollte sein Erwerb wenigstens das globale Kräftegleichgewicht etwas stabilisieren. Nach 17 Jahren VW wäre nun ein Kfz aus Nordkorea, Kuba oder dem Iran eine strategische Option, aber vermutlich wird bereits jede diesbezügliche Onlinesuche vom Verfassungsschutz registriert.

Zum Glück gibt es ja noch Mütterchen Russland, und was liegt näher, als mit dem Autokauf noch einmal den Anteil der Sowjetvölker an der Zerschlagung des deutschen Faschismus zu würdigen.

Gesagt, getan. Am nächsten Morgen stand ich beim lokalen Lada-Vertragspartner vor der Tür. Seit über 30 Jahren wird nämlich im russischen Togliatti ein Auto produziert, das die bescheidenen Ansprüche eines uneitlen Teilzeitlandwirts vollends befriedigt. Eine Kreuzung aus Trabant und Traktor, deren Name allein schon Programm ist: Niva, auf Deutsch – der Acker! Im Sommer kann er die Elbe durchqueren und im Winter am Fichtelberg die Schlitten gipfelwärts

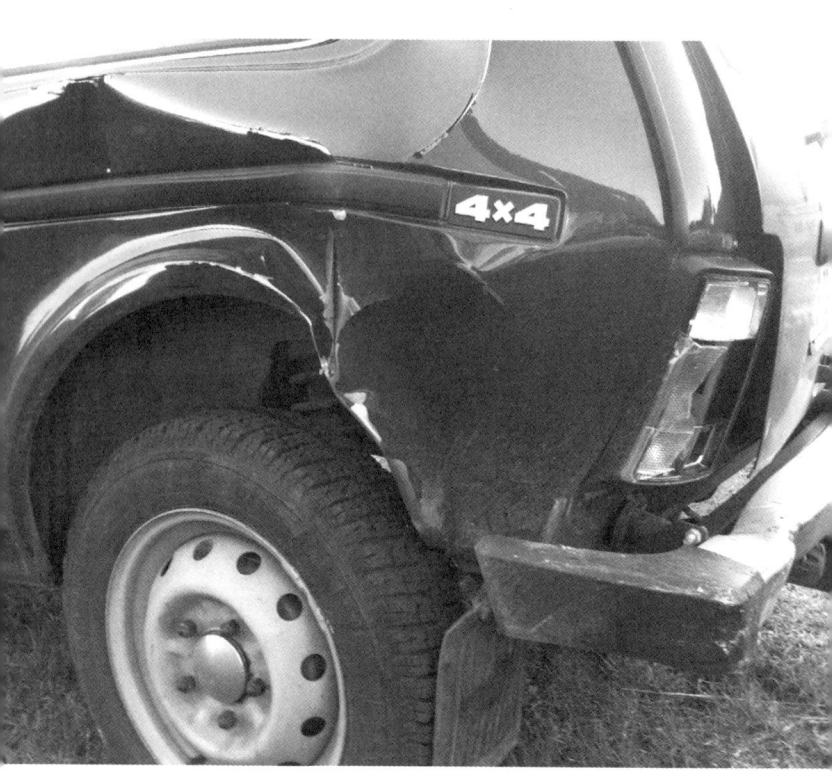

Ein russisches Jungbauernopfer

ziehen. Glatten Asphalt mag der Wagen dagegen nicht, doch wer seine Scholle liebt, den verschlägt es ohnehin nicht auf die Autobahn.

Eigentlich hatte ich erwartet, dass über dem Schreibtisch des Lada-Händlers ein schönes Stalin- oder Putinporträt prangt. Stattdessen aber erweist sich der Mann als ideologischer Windbeutel. »Die Russenautos sind nur Hobby«, erklärt er mir, hauptberuflich würde er vor allem Fahrzeuge der japanischen Marke Mazda verkaufen. Kein Wunder also, dass ihm meine frühere Funktion als Seminargruppenkassierer der Deutsch-Sowjetischen-Freundschaft keinen Rabatt wert ist. Dafür setzt er neben den Listenpreis stolze 800 Euro Überführungskosten, was mich zur der Frage animiert, ob er das Fahrzeug eigenhändig mit Bodyguardbegleitung von der Wolga an die Oder holt. Nein, der Wagen steht bereits seit einem halben Jahr vor der Tür, aber wenn ich ihn nicht will, könnte ich mich auch gern in die Warteliste eintragen – vier Monate Minimum.

Solche Drohungen treiben einem alten Ostler natürlich postwendend den Angstschweiß auf die Stirn. 15 Jahre Wartezeit waren es 1980 für einen Wartburg Kombi. Und nach dem Ex-DDRler beginnt auch der Bauer in mir einzuknicken. Schließlich muss die Pferdekoppel von Maulwurfshügeln und Gestrüpp befreit werden, und unmöglich kann ich die schwere Egge noch einmal von unserer gutwilligen, aber altersbedingt nur noch ½-PS-starken Stute ziehen lassen.

Fünf Tage später sind der alte Passat Schrott und die Weide glatt. Einzig die zwar marken-, aber nicht klassenbewusste Tochter, unsere Hoferbin, hadert noch mit dem neuen Familienauto und versucht bei jeder Fahrt aufs Neue, heimlich den »Made-in-Russia-Aufkleber« von der Heckscheibe zu puhlen.

Ich werde den Wagen wohl testamentarisch ihrer spätgeborenen Schwester vermachen, die bisher nur das Geheimrezept für den Holunderblütenschnaps und die Verwertungsrechte für Papas unveröffentlichte Manuskripte erben sollte. Strafe für die Hoferbin muss schließlich sein.

SIE: Endlich ist es wieder dunkel. Ja, ich meine dieses herrliche Winterdunkel, wo man schon nach dem Vier-Uhr-Kaffee draußen nicht mehr die Hand vor Augen sieht. Keine Lampe stört die friedliche Finsternis. Der Gatte meint, er könne sein Feierabendbier nun bereits gefahrlos um fünf entkorken, ohne als Suchtgefährdeter den Mikrozensus des Dorfes zu versauen. Und auch ich stelle endlich ohne Schuldgefühle mein hartes Bäuerinnendasein auf Schongang um.

Als ich gerade die Beine hochlegen will, meldet sich der Bürgermeister. »Wir haben noch bisschen Geld in der Gemeindekasse und könnten endlich drei Straßenlaternen für euren abgelegenen Weiler springen lassen.« Na, immer langsam mit den jungen Pferden, denk ich. Solch einen Modernisierungsschub hat das Dorf seit der Zwangskollektivierung nicht mehr erlebt. Maschinenausleihstation, Landwirtschaftliche Produktionsgenossenschaft und Rinderoffenställe nach sowjetischem Vorbild, all das ging doch auch ohne Straßenlampen.

»Da muss man doch erst einmal drüber nachdenken, ob das auch wirklich vorteilhaft ist!«, bremse ich den Eifer des Bürgermeisters. Allein schon wegen des barrierefreien Blicks in den Sternenhimmel. Unterhalb des Pegasus steht seit Tagen leuchtend hell der Jupiter, für so eine Aussicht fliegen andere in die Atacamawüste. Ganz zu schweigen von unserer lokalen Ökobilanz. Die wäre nämlich im Handumdrehen im Eimer, wenn wir hier auch noch die abendlichen Revierkämpfe der verfeindeten Dorfkater ausleuchten würden.

Und wie war das noch bei Lenin: Da führte die Elektrifizierung (des ganzen Landes) schnurstracks zum Kommunismus. Das kann ja wohl nicht der Sinn solcher Krisenbewältigungsmaßnahmen sein. »Also, wenn schon Aufschwung in der Provinz«, rate ich dem von so viel Widerstand überraschten Ortsvorsteher, »dann tu was für diese Digitale Super Leitung, dieses DSL. Denn langsam versauern wir hier im Halbschatten der Informationsgesellschaft!«

ER: An der Stelle muss ich doch dazwischengehen, denn wenn die Bäuerin Lenin zitiert, ist Vorsicht geboten.

Die schleppende Versorgung der ostdeutschen Landbevölkerung mit einem schnellen Internetzugang ist weniger böser Wille als Fluch der guten Tat. In den neunziger Jahren setzte die Telekom, die damals noch Post hieß und sich in Staatshand befand, beim Ausbau des Telefonnetzes auf eine neue Technologie. Im großen Stil wurden vor allem in den kaum erschlossenen Gebieten zwischen Elbe und Oder Glasfaserkabel ausgerollt. Eine hoch subventionierte Hauruckaktion, die es endlich auch den diktaturgeschädigten Ostlern ermöglichen sollte, von der Süddeutschen Klassenlotterie telefonisch zum Mitspielen eingeladen zu werden. Offensichtlich waren seinerzeit die politischen Entscheidungsträger von der Öffentlichkeit unbemerkt der Lehre Wladimir Iljitsch Lenins anheimgefallen. Der Vater der Oktoberrevolution schob 1920 den Staatsplan zur künstlichen Erleuchtung Russlands (GOELRO) mit dem schönen Slogan »Kommunismus – das ist Sowjetmacht plus Elektrifizierung des ganzen Landes« an. Daran müssen sich die Männer um Einheitskanzler Kohl sieben Jahrzehnte später erinnert haben. Auf jeden Fall maßen sie der Glasfasertechnologie eine ähnlich erhellende und systemstabilisierende Wirkung bei wie weiland Lenin der Glühbirne. Während in Russland der Kolchosbauer mit bolschewistischer Hilfe seine Prawda aber erst nach gut 15 Jahren auch an dunklen Winterabenden lesen konnte, war die freiheitlich-demokratische Post schneller und ließ bereits nach fünf Jahren in der ostdeutschen Provinz Millionen neuer Telefonapparate klingeln.

Zur Freude der inzwischen leider meist erwerbslosen Landbevölkerung. Sie nutzten die Chance sogleich, um ihr eben erst erkämpftes Recht auf freie Wahl ganztägig und fernmündlich im Bestellservicecenter von Neckermann, Otto oder Quelle auszuprobieren.

Ob dieser Modernisierungsschub tatsächlich die Sympathie für die bürgerliche Demokratie wachsen ließ, ist allerdings in Soziologenkreisen bis heute umstritten. Auf jeden Fall aber stieg die Zahl der Verbraucherinsolvenzverfahren.

Leider verkehrte sich dieser vermeintliche Innovationvorsprung schon bald in sein Gegenteil. Mit der Einführung der Digital Subscriber Line wurde der Osten erneut vom Fortschritt abgeschnitten. Das Glasfaserkabel erwies sich als DSL-untauglich. So bleiben günstige Flatrate-Tarife und schneller

Datentransfer bis heute für Hunderttausende ostdeutscher Landbewohner ebenso fern und unerreichbar wie zwanzig Jahre zuvor der Vogelpark Soltau. Und nun hat die Frau wieder das Wort.

SIE: Natürlich wurde auch unser Nest auf diese Weise von der Teilhabe am Fortschritt schnöde ausgegrenzt. Und auch diesmal versäumte ich nicht, diesen Missstand unserem Vorortpolitiker unter die Nase zu reiben: »Wir leben hier hinterm Mond, da helfen auch deine Straßenlampen nix!«

Zum Glück stand ich mit meinen Bedenken nicht allein. Eine Mehrheit der Dorfbewohner fand es gleichfalls wichtiger, endlich per Mausklick ruckelfrei in die strahlende Welt der Online-Shops und -Videotheken einzutauchen, als in der Dämmerung Kriegerdenkmal und Katzenschwänze anzuleuchten.

Und tatsächlich – kein halbes Jahr später waren die Kabel ausgerollt und wir Dörfler endlich im Global Village angekommen.

Leider ist, wer sich für die Top News aus der Nachbarschaft interessiert, noch immer auf die Regionalzeitung angewiesen. Mein Verhältnis zu dem Blatt ist trotzdem eher ein gespaltenes. Ein bisschen wie weiland zum Ost-Toilettenpapier: Es kratzte, aber man hatte halt nichts anderes.

Überhaupt ist das Blatt ein schönes Beispiel dafür, wie langlebig sich manche DDR-Phänomene halten. Politik findet dort so gut wie nie statt, und wenn die NPD nicht am Volkstrauertag trommelnd durchs Dorf marschieren würde, könnte man glatt glauben, unsere Region sei diesbezüglich völlig sorgenfrei. Hin und wieder jammert der Kreisbauern-verbandschef über das Wetter und fordert Entschädigungs-zahlungen für zu viel oder zu wenig Regen. Oder es meldet sich auf der Leserbriefseite ein SED-Altkader zu Wort, der meint, der Hundekot auf dem Marktplatz sei ebenso system-immanent wie die Miniermottenplage und der Anstieg der Weihnachtsbaumpreise.

Was ansonsten die Seiten von Montag bis Mittwoch füllt, sind vor allem die Berichte über den erfolgreichen Verlauf der ländlichen Events des letzten Wochenendes. Ab Donnerstag erscheinen dann bereits wieder die Vorberichte für die Feier-lichkeiten des nächsten Wochenendes. Vom Kreistreffen der Kaninchenzüchter bis zum Preisschießen der lokalen Schüt-zengilde oder dem kollektiven Abangeln des Vereins »Petri Heil!« (Klein Muchow/Ausbau). Da die Reporter der chro-nisch unterfinanzierten und dürftig besetzten Lokalredakti-on höchstens zehn Minuten auf jedem Fest verweilen kön-nen, ist der Erkenntnisgewinn aus der Lektüre ihrer Artikel eher gering. So erfährt man zwar minutiös, wer mit welcher Speise oder welchem Getränk für das leibliche Wohl der Ang-ler, Schützen oder Kaninchenfreunde sorgte, aber von der anschließenden verdauungsfördernden Massenprügelei lei-der kein Wort. Ohnehin scheint es das Credo des Blattes zu sein, allen die Leserschaft eventuell spaltenden Konflikten unerschrocken auszuweichen.

Bei dieser Art programmatischen Schnarchsackjournalis-mus' gibt es nicht viele Möglichkeiten, den Lesern wirklich interessante Neuigkeiten zukommen zu lassen. Eine davon, und zwar eine sehr wahrscheinliche ist, dass man selbst oder jemand aus der Familie in der Zeitung auftaucht. Ist das, Gott behüte, nicht gerade auf der Seite mit den Todesanzeigen der Fall, dann garantiert in der Spalte mit den Polizeimeldungen. Genau da fand sich vergangene Woche mein Mann oder besser sein relativ neuer Lada Niva wieder.

Der robuste Russen-Jeep ist jetzt schrottreif. Das vorschriftsmäßig am Straßenrand geparkte Auto wurde von einem jungen Dorfbewohner quasi im Blindflug gerammt.

Aber noch bevor der Unfall durch die Zeitung publik gemacht werden konnte, hatte sich das Totalschaden-Ereignis bereits bis ins Gymnasium der Hoferbin herumgesprochen. Schon zum Frühstück bekam unsere Tochter die ersten Beileidsbekundungen, die sie bar jeglichen Trauergefühls entgegennahm. Denn erstens hoffte sie, dass nun die erniedrigenden Fahrten in einem kantigen Kommunistenauto ohne Klimaanlage der Vergangenheit angehören würden, und zweitens war es die Mutter des Crash-Piloten, die ihr als Erste kondolierte. Und der gehört der Schulimbiss, so dass zu ihrer Betroffenheitserklärung auch ein Gratis-Käsebrötchen gehörte.

Was die Hoferbin da freilich noch nicht wissen konnte, war, dass Stunden später auch der 40 Kilometer entfernt wohnende Lada-Mazda-Händler als treuer Abonnent des Lokalblatts von dem Unglück Kunde bekam. Noch bevor sich Gutachter und Rechtsanwälte vom Unfall ein Bild machen konnten, wurde der windige Autohändler aktiv und wählte unsere Nummer.

Er hätte soeben, teilte er meinem überraschten Gatten mit, in der Zeitung von dem herben Verlust gelesen. Und wie es der Zufall so will, stünde auf seinem Hof ein kaum gefahrenes, baugleiches Modell, das er ihm nun für die Überlassung des Wracks und der kompletten Versicherungssumme im Tausch anböte. Überglücklich willigte der Neubauer in das Geschäft ein. Drei Tage später stand der neue Wagen vor der Tür, und die Einzige, die sich darüber nicht freuen konnte, war die pubertierende Tochter, die nun wieder ganz von vorne anfangen musste, den »Made in Russia«-Aufkleber von der Heckscheibe zu kratzen.

ER: Früher galt das Friseurgeschäft als sicherste Nachrichtenbörse. Doch seit einmal Waschen, Schneiden, Föhnen so viel kostet wie ein Flug nach Rom, muss man als Dorfbewohner schon fast ebenso weit reisen, um auf einen Haarkunstsalon zu stoßen. Die Folgen dieser ökonomisch erzwungenen Konzentration des Friseurhandwerks sind unübersehbar. Die Trendfrisur ist auf dem Vormarsch, erobert Gemeinde um Gemeinde, entert Generation für Generation. Und wie dereinst der Pest in den Städten, kann heute auf dem Lande kaum eine Frau dem Virus der vermeintlich modischen Tönung widerstehen.

Erinnern wir uns, mit dem Tour-de-France-Sieg von Jan Ullrich und dem Run auf die T-Aktie stand plötzlich ein grelles Pink, das sogenannte Magenta, hoch im Kurs. Offensichtlich verband sich mit dieser Telekom-Firmenfarbe die Hoffnung, Reichtümer ließen sich binnen kürzester Zeit und spielend leicht im Alleingang erstrampeln. Und selbst wenn nur wenige Landfrauen Rennrad fuhren und große Aktienpakete horteten, so glaubten doch unzählige, sich wenigstens mit einem Friseurbesuch äußerlich auf die Gewinnerseite schlagen zu können.

Erst fing es mit einigen vorwitzigen Friseurhandwerkslehrlingen an, dann griff es auf befreundete Fußpflegerinnen über, und zu guter Letzt saß, egal ob ALDI, LIDL oder PLUS, hinter jeder zweiten Supermarktkasse eine Telekom-Sympathisantin. Anders als in den Städten, wo jeder neue Modetrend auch gleich den passenden Antitrend gebiert, formiert sich auf dem Land der Widerstand gegen derlei ästhetische Epidemien nur schleppend oder gar nicht. Während in den großen Ballungszentren die Straße basisdemokratisch modische Alternativen vors Auge schwemmt, ist die Landbevölkerung dem Diktat des Satellitenreceivers schutzlos ausgeliefert. Und so wippten auf den Dorftanzflächen noch immer unzählige Magentasträhnchen im Takt von DJ Ötzi, als die T-Aktie schon längst Tausende von Kleinanleger in den Ruin getrieben hatte. Erst als Jan Ullrich seinen Heldennimbus verlor und von den Medien mit Häme bekübelt wurde, zogen die notorisch opportunistischen Kreisstadtfriseure nach. Sie setzten Magenta auf den Index und wandten sich dem schwarz gespritzten asymmetrischen Shortcut zu oder setzten auf die sogenannte Frettchenfrisur.

Hier ist kein Katzenabwurfplatz

DIE MIT DEM WOLF JAULT
ODER WIE DER STAHLHELM ÜBERS KRÄUTERBEET KOMMT

ER: Als Kind bin ich beim Pilzesammeln in den märkischen Wäldern noch über Soldatengräber gestolpert, und in den Drogerien gab es Katzenfelle zu kaufen. Die besaßen vorne und hinten weiße Bänder, und man schnürte sie sich um die Hüften, wenn man unter Rheuma litt oder seine Kohlenkarte verbummelt hatte.

Heute heißen die Drogerien Schlecker oder Rossmann, und Katzenfelle wird man dort vergeblich suchen. Zwar wird hier und dort noch mit Briketts geheizt, aber selbst im Osten werden die inzwischen unbeschränkt feilgeboten. Klar, Rheumakranke gibt es nach wie vor, aber mittlerweile fast genauso viele Studien, die Zweifel an der therapeutischen Wirkung von Katzenhaaren anmelden.

Zahlte die volkseigene Rauchwarenindustrie dem ostdeutschen Waidmann bis zum Mauerfall für jeden Katzenbalg sechs Mark, ist seit dem Jahr 2009 der Handel mit dem Fell in der EU verboten. Ein italienischer Fernsehkoch verlor unlängst sogar seinen Job, weil er in einer Show die Katze als schmackhafte Alternative zu Huhn und Kaninchen anpries.

Damit ist die Versuchung, Mohrle das Fell über das Ohrle zu ziehen, selbst in den einkommensschwachen Regionen Ostdeutschlands gegen null gesunken. Aus dem nachwachsenden Rohstoff Katze ist ein Luxusgut geworden, das in keiner Harz-IV-Berechnung Berücksichtigung findet. Für eine Sterilisation zahlt man so viel wie für 15 Kästen Sternburger Bier, für die ärztlich betreute Tötung eines Katzenbabys so viel wie für einen ermäßigten Parkettplatz in der Berliner Volksbühne.

Kein Wunder also, dass die Tiere immer öfter aus den Weihern in die Wälder gekarrt werden, in der irrigen Hoffnung, Fuchs oder Habicht nähmen sich ihrer umgehend an. Wer heute im Herbst durch den Forst zieht, findet im Laub bald mehr halb verhungerte Augustkätzchen versteckt als leuchtend gelbe Pfifferlinge.

Ganz hartgesottene Dörfler erinnern sich zwar auch wieder archaischer Riten und beenden das junge Katzenleben mittels Sack und Regentonne.

Doch die cleveren unter den alteingesessenen Landbewohnern vermeiden es, sich mit solchen Grausamkeiten ihr Karma zu versauen. Sie fahren lieber in der Morgendämmerung in die einschlägig bekannten Aussteigerdörfer, um sich des ungeliebten Nachwuchses zu entledigen. Wohl wissend, dass dort zugereiste Samariter ebenso friedlich wie arglos schlummern, öffnen sie ihre Kofferraumhauben vor Häusern, an denen nasse Regenbogenfahnen baumeln oder bunt bemalte Baumhäuser im Garten von einem gerüttelt Maß an Empathie künden. Und obgleich wir nur einen windschiefen Zaun und eine bröckelnde Putzfassade vorweisen können, hat sich auch unser Haustierbestand auf diese Art in den letzten Jahren verdoppelt.

Selbst auf die Gefahr hin, zum Ziel von Antifa-Sternmärschen zu werden, ist damit nun Schluss. Seit diesem Sommer thront ein rostiger Wehrmachtsstahlhelm überm Kräuterbeet und lässt hoffentlich, weithin sichtbar, Zweifel an unserer sanftmütigen Gesinnung aufkommen.

SIE: Okay, nun wachsen Salbei, Thymian, Maggikraut und Rosmarin also auf einem Soldatenfriedhof. Mag sein, dass uns der durchschossene Helm Katzen vom Leib hält, den Appetit der Hoferbin steigert er jedenfalls nicht.

»Kotzbrechwürg!« Das ist alles, was die junge Dame herausbringt, als ich die gelben dampfenden Wachsbohnen auf ihren Teller lege. Und auch mein Neubauer runzelt die Stirn. »Mehr nicht«, fragt er missmutig, als klar war, dass neben den Bohnen nur noch meine selbst gelegten blauen Kartoffeln Platz finden würden. »Wo bleibt das Fleisch?«

Sicher, ein Stück vom Lamm würde das Mahl krönen, aber solange der Garten Vegetarisches im Überfluss bietet, bleibt das Kleine am Leben. Geschlachtet wird erst nach dem ersten Frost, und so lange, blaffe ich zurück, gibt es Mutters Grünzeug. »Anderswo würde man sich alle zehn Finger nach einem Salat mit frischen orangen und grünen Tomaten lecken«, versuche ich die Stimmung am Tisch zu heben. Vergeblich. Da die Familie schon seit Wochen keinen anderen Nachtisch mehr vorgesetzt bekommt, kann ich auch damit nicht punkten.

Der Überfluss in Erntezeiten ist kaum zu beherrschen. Da schießt nicht nur der Salat ins Kraut. Einmal nicht rechtzeitig hingeguckt, hat der Fenchel mehr Blatt als Knolle, und der Rucola ist ein gelbes Blütenmeer. Ausgerechnet jetzt, da nach den oft deprimierenden Anfangsjahren die Bio-Selbstversorgung endlich von Erfolg gekrönt wird, gibt es Widerstand aus den eigenen Reihen.

Noch als blutige Anfängerin nahm ich es als Ansporn im Kampf mit der Natur, wenn sich das Kleinkind freudig die ersten eigenen erdverkrusteten Möhren zwischen die Lippen schob und der Gatte jeden handgezogenen Kohlrabi als Einstieg in die ländliche Autarkie pries. Und jetzt? Was ist nur passiert, dass sich der ausgewachsene Nachwuchs nichts sehnlicher wünscht, als an den Wochenenden im kreisstädtischen Fast-Food-Tempel zu speisen?

Sicher, die Landlust-Idylle sieht anders aus, wenn man erst mal weiß, wie viele Stare in unseren Vogelnetzen ihr Leben aushauchen müssen, bevor ein Glas Kirschmarmelade auf dem Tisch landet. Die ganze Plackerei rechne sich nicht, setzt der Mann noch eins drauf. Gemessen an der Arbeitszeit, die ich im Gemüsegarten verbringe, sei jeder hauptstädtische Bioladen ein Schnäppchenparadies. Nachdenklich stochert er in den Erdäpfeln herum: »Wir müssen neue Wege gehen. Alles, was zu viel ist, wird künftig vergärt zu Kartoffel- oder Pflaumenschnaps.« Klingt nicht schlecht, aber was machen wir mit dem Rest? Vielleicht findet sich ja irgendwo noch ein altes serbo-kroatisches Hausrezept für Brechbohnen-Wodka.

Anders sieht die Sache schon bei den Kürbissen aus, die in den letzten Jahren eine erstaunliche Wandlung vom geschmähten Nahrungsmittel zur begehrten Partydekoration erfahren haben. Als ordentliche Land-Mutti lieferte auch ich im Oktober ein kinderkopfgroßes Exemplar aus dem Garten in der Dorf-Kita ab. Ungern zwar, aber letztlich doch pflichtbewusst hob ich den wohlschmeckenden Hokkaido neben die Buddelkiste, wo schon ein Dutzend orangegelber Riesen lagen. »Na, mehr hat se nich?«, begrüßt mich die Erzieherin streng, augenscheinlich von meinem Mitbringsel enttäuscht. Kein Wunder, denke ich mit Blick auf die Schubkarren füllenden Kürbisse der Muttis von Angelina und Gordon Finn.

An meiner Gärtnerinnenehre allerdings kratzt das kaum, und gern überlasse ich den ehrgeizigen Damen das Siegertreppchen im jährlichen Kita-Wettstreit. Denn immerhin sorgt das aus Übersee importierte Halloween-Spektakel so ganz nebenbei wieder für einen herausfordernden Leistungsvergleich in den Dörfern.

Wo einst die Ernteschlacht der Genossenschafter über Erfolg oder Niederlage entschied, ringt jetzt der private Kürbisbauer mit seinen Gartennachbarn ums beste Ergebnis. Als Lohn winkt ein Foto im Lokalblatt. Das hätte man sich ja auch nicht träumen lassen, dass ausgerechnet die Amerikaner dafür sorgen, dass die Straße der Besten durch ihren Anstoß die Wiederauferstehung feiert. Und diesmal sogar in Farbe!

ER: Eigentlich hat es die Gattin nach all der Plackerei verdient, dass man sie zum Ausklang der Erntesaison mit einem Tänzchen belohnt. Aber erstens tanze ich nicht gern, und zweitens wüsste ich auch nicht, wo.

Auf unserem Gemeindeerntedankfest wird zwar getanzt, aber die Musik, die dort läuft, wurde vorher bereits von der US-Armee in Guantanamo zum Weichkochen islamistischer Fundamentalterroristen eingesetzt. Diesmal ist bei uns ein

Roger-Whittaker-Double als kulturelles Highlight der feucht-fröhlichen Dorffeier avisiert. Das nehme ich als untrügliches Zeichen dafür, dass die Überalterung der Gemeinde kurz vor ihrem Kulminationspunkt steht. 2012 vielleicht noch, aber spätestens danach werden Wölfe und Wildschweine den Festplatz des Dorfes endgültig für sich vereinnahmt haben. Schon jetzt kommt es zuweilen vor, dass sich unter das allabendliche Geheul der Hofhunde der eine oder andere ungewohnt lang anhaltende Jaulton mischt. »Immer noch besser als das Roger-Whittaker-Double«, tröste ich die Bäuerin, die in solchen Momenten gern demonstriert, dass der Begriff der Panik nicht zwangsläufig an den der Masse gekoppelt sein muss.

Überhaupt ist es schön mitzuerleben, wie sich die Sinne der Frau mit jedem Jahr weiter schärfen, das uns von unserem alten Stadtleben trennt. Spinnen kann sie inzwischen selbst bei Neumond und ausgeknipster Nachttischlampe im Bett liegend an der Zimmerdecke krabbeln sehen. Mäuse, die unter den bienenwachsversiegelten Dielen Schutz vor der Kälte suchen, werden von ihr selbst dann noch gerochen, wenn am offenen Fenster eine ganze Armada von Güllewagen vorbeirumpelt. Und eine Löffelspitze hartgekochten Eidotters genügt ihr, um zu schmecken, dass das Salamibrot, welches vorgestern noch frisch und liebevoll geschmiert im Schulranzen der Tochter lag, von selbiger widerrechtlich an die Hühner verfüttert wurde.

Aber mit diesen Gaben ist die Bäuerin nicht allein gesegnet. Auch ich kann inzwischen mit geschlossenen Lidern erkennen, welche der zwei Anzeigenzeitungsverteilerinnen ihren Wagen vor unserem Briefkasten parkt. Bleiben der Motor an und die Fahrzeugtür offen, ist es die grauhaarig Gelockte, die früher in der LPG den Traktor fuhr. Ertönt dagegen ein dumpfer Schlag, ist es ihre junge tätowierte Kollegin mit der Frettchenfrisur, die wieder einmal den Findling übersehen hat, der unsere Grundstücksgrenze auf archaisch schlampige Art markiert.

Wetten, dass, so konditioniert, einer von uns früher oder später in Thomas Gottschalks Armen landet? Aber nicht nur Gehör, Geschmack und Sehvermögen dringen dank der uns umgebenden Ödnis in ganz neue Dimensionen vor. Auch rhetorisch werden mittlerweile ungeahnte Höhen erklommen.

Angeblich kennen Grönlands Ureinwohner 17 Wörter, um den Schnee zu beschreiben. Aber das ist gar nix gegen die 37 unterschiedlichen Schreie, die die Bäuerin ausstößt, wenn sie ihre handgezogenen Tomatenpflanzen nach einem heftigen Regenschauer oder am Abend eines heißen Augusttages inspiziert. Was unsereiner lapidar mit »reif« oder »noch grün«, bzw. »okay« oder »vertrocknet« beschreiben würde, kann sie mit Adjektivketten umhängen, die einen Stefan George, lebte er noch, vor Neid erblassen lassen würden.

HAUS OHNE HÜTER
ODER VON STAMMHALTERN
UND STAMMPLÄTZEN

SIE: Mein Morgenschlaf, ich erwähnte es bereits, ist mir seit jeher heilig. An dem liebgewonnen Ritual auch auf dem Land festzuhalten ist dagegen verdammt schwierig. Erst recht, wenn der Neubauer an meiner Seite der Meinung ist, der Hahn entscheidet, wann der Tag beginnt. Heute krähte er bereits um 5.23 Uhr. Dass der Mann so nur seine senile Bettflucht kaschiert, bleibt unter uns, vorausgesetzt, ich darf mich noch einmal umdrehen. Doch kaum bin ich wieder weggeduselt, reißt mich hektischer Flügelschlag aus den Morgenträumen. »Was ist denn das?«, schreie ich, unfähig, die Augen zu öffnen.

»Nur zwei Schwalben, die ihren Nistplatz suchen«, beruhigt mich der bereits in Arbeitskluft steckende Frühaufsteher. Das geht aber nicht, denk ich, und ziehe die Decke über meinen Kopf: Hier ist doch unser Nest! Und das Ganze ist eine ungeheuerliche Neststörung! Hm, das werden die wohl auch von uns denken. Schließlich schlafen wir in dem Stall, der vor Jahrzehnten noch ihren Schwalben-Vorfahren gehörte. Da helfen wahrscheinlich weder Kaufvertrag noch Grundbuchauszüge. Die haben das genetisch gespeichert.

»Aber jetzt müssen sie trotzdem raus«, fordere ich vom Mann, der die morgendliche Flugschau zu genießen scheint. »Wir können hier keine Untermieter gebrauchen, die die

Mausetot!

Wände mit Lehm und Kot bekleckern.« »Sei doch nicht so kleinlich«, gibt der Neubauer zurück: »Die Schwalben fliegen von Afrika direkt in dieses Zimmer, und wir glauben, ihnen sagen zu können, wo es langgeht. Und im Übrigen hieß es nicht von ungefähr bei den alten Bauern: Wo die Schwalbe nistet, da kein Unglück fristet.« Oh Mann, ich rutsche noch tiefer unter die warme Decke. Was ist denn in den gefahren? Gleich kommt er mir noch mit dem Komitee gegen Vogelmord. Ich zeige mich kompromissbereit: Einen Vogelunterschlupf können wir bieten, auf dem Dachboden ist genug Platz für eine Eule. Als Nachtaktivistin ist sie mir wenigstens seelenverwandt. Und außerdem: Zwei Schwalben machen aus mir noch längst keinen Frühaufsteher.

ER: Noch schwieriger gestaltet sich der Kampf gegen die Gewohnheiten alteingesessener Ameisen. Ohne Vorwarnung kann es passieren, dass sie eines Tages ihre Straßen zur besten Essenszeit durch unsere Küche ziehen. Das macht zwar keinen Lärm, ist aber trotzdem lästig, weil nach drei Tagen die Tiere als Trauerrand am Honigglas kleben. Traditionalisten empfehlen in solchen Fällen gerne das Verstreuen von Backpulver und ernten damit auch bei der Ökofraktion Beifall. Die Vorstellung, man könne der Plage mit einem schnellen Griff in den Küchenschrank Herr werden, ist sicherlich verlockend. Doch zugleich ein Indiz dafür, wie fahrlässig angebliche Patentrezepte weitergereicht werden, ohne sie je einer persönlichen Überprüfung unterzogen zu haben. Denn der Trick mit dem Backpulver funktioniert nur, wenn Sie auf alte Vorkriegsbestände zurückgreifen können.

Und wir reden hier nicht vom Krieg gegen den Terror, sondern vom Weltkrieg Zwei.

Damals fand in den Haushalten Hirschhornsalz als bevorzugtes Backtreibmittel Verwendung. Gewonnen wurde es ursprünglich aus geraspelten Hirschgeweihen, später begnügte man sich auch mit den Knochen und Klauen der Tiere. Auf jeden Fall enthielt die so gewonnene Backsubstanz Ammoniak. Und wenngleich diese giftige Ingredienz auch nur in geringen Mengen im Hirschhornsalz anzutreffen war, hatten die Ameisen daran schwer zu knappern. Aber wie gesagt, das war einmal. Heute gibt es selbst unter dem Label »Hirschhornsalz« nur noch einen Chemiecocktail zu kaufen, der völlig ohne tierische Substanzen auskommt. Kein Wald nirgends!

Aber während im modernen Hirschhornsalz wenigstens noch eine Spur des Ameisenkillers Ammoniak vorhanden ist, fehlt das Gift im heute handelsüblichen Backpulver vollends. Nun gibt es immer wieder Leute, die behaupten, das sei auch gar nicht nötig, weil das Treibmittel in der Ameise nicht anders wirkt wie in Muttis Rührkuchenteig. Beide gehen auf. Nur während der Kuchen am Ende locker und lecker vor uns steht, platzt die Ameise nach Einnahme der Doktor-Oetker-Dröhnung.

Abgesehen davon, dass solche brutalen Kammerjägermethoden von mangelndem Respekt gegenüber den kleineren Kreationen der göttlichen Schöpfung zeugen, sind sie auch wirkungslos. Jedenfalls solange Sie die Tiere nicht nach Einnahme des Treibmittels in die Backröhre legen. Eine Ameiseninvasion kann Backpulver allenfalls beenden, wenn sich die gesamte Population daran satt gefressen hat und aufbricht, um anderen Orts nach neuen Leckerbissen Ausschau zu halten.

Die wirksamste Waffe gegen Ameisen ist eine aufgeräumte Küche. Nur zieht freilich kaum ein Mensch aufs Land, um mit einem aseptischen Interieur zu glänzen. Eine gewisse Schlampigkeit ist dem Aussteigerleben eigen, und so können wir hier nur aus der unserer Praxis kochendes Wasser empfehlen, um das Problem zu lösen. Drei- bis viermal in die Schlupflöcher oder Ritzen gegossen, und die Tiere beginnen ernsthaft, über eine weniger gefährliche Route nachzudenken.

SIE: Nicht nur in den Augen von Schwalben und Ameisen genießt unsere stadtflüchtige Kleinfamilie noch immer kein richtiges Heimrecht. Auch einige Zweibeiner aus der Nachbarschaft lassen uns in regelmäßigen Abständen spüren, dass wir für sie in ihrem Dorf noch lange nicht zur Stammbesatzung gehören.

Wenn die 16-jährige Tochter nach der Schule dringende Gesprächsbereitschaft signalisiert, muss etwas passiert sein. »Die haben mich«, stöhnt die Hoferbin genervt, »wieder Bulette genannt.« Die, das sind die unsensiblen Nachkommen alter Märker- und Pommerfamilien, die es nicht lassen können, Stadtflüchtlinge selbst noch in der zweiten Generation zu stigmatisieren. Dabei hat die vermeintliche Bulette gerade mal ein Viertel ihres Lebens in der Stadt verbracht – und das sogar noch im Osten.

Aber selbst wir, die mit Pionierhalstuch, Blauhemd und Fahnenappell eine ähnliche Sozialisation wie die ehemaligen

Tier- oder Pflanzenproduktionsfacharbeiter in unserer Nachbarschaft erfuhren, können nicht auf Gnade hoffen. Egal ob Ost- oder West-Berliner, ja sogar ob Ex-Dresdner oder Ex-Stuttgarter, man schert uns alle über ein und denselben Kamm. Gegen die tiefe Schlucht, die Stadtflüchtling und Landei trennt, ist die zu Mauerfall-Jubiläen regelmäßig auf allen Sendern bejammerte Kluft zwischen Alt- und Neubundesbürgern kaum mehr als ein Haarriss auf der Windschutzscheibe. Ein leicht zu behebendes Car-Glas-Problem angesichts der tiefen kulturellen Grabenkämpfe, die in den kleinen Weihern zwischen Neu- und Altdörflern toben.

Als es in unserer Gemeinderatsversammlung vor einem Jahr wieder einmal an das Verschleudern von Steuermitteln ging, weil man tatsächlich noch einen Feldweg gefunden hatte, der keine spiegelglatte Asphaltschicht besaß, brachen die Fronten wieder auf. Hier die Ex-LPGler, die auf eine längere Lebensdauer ihrer Ölwannen und Stoßdämpfer hofften, dort die Ex-Metropolenbewohner, die einen sprunghaften Anstieg von Verkehrslärm und plattgewalzten Igeln fürchteten. Am Ende konnte sich wieder einmal die Fraktion der Altdörfler gegen die Koalition aus ost- und westdeutschen Aussteigern behaupten. Inzwischen ist der Streit längst vergessen und das Ergebnis dieser ländlichen Wegebaumaßnahme zur Inlineskatebahn umfunktioniert.

Zum Glück mindert die aktuelle Benzinpreisentwicklung das Verlangen der hier ansässigen Autofetischisten nach zweckfreier Bewegung im eigenen Kfz erheblich.

Vor Jahren war es noch üblich, an den Sonntagnachmittagen im frisch geputzten Wagen durch die Dörfer zu fahren, um – natürlich laut und mehrfach hupend – Verwandte und Bekannte vor die Gartentür zu locken. Bei laufendem Motor plauderte man dann über Gott und die Welt. Oft gesellten sich weitere Fahrzeuge dazu, deren Insassen gleichfalls ihre Scheiben herunterkurbelten, um dem Plausch beizuwohnen. Pochte nicht gerade ein Erntefahrzeug oder Güllelaster auf sein Durchfahrtrecht, konnten sich diese CO_2-lastigen Gesprächsrunden bis in die Abendstunden ziehen.

Aber Al-Qaida und den mit ihr verbündeten Ölmultis sei Dank ist damit ja nun Schluss und so gehört auch unser frisch asphaltierter Feldweg inzwischen fast ausschließlich der vergnügungssüchtigen Dorfjugend.

Erst neulich haben wir die Hoferbin dabei beobachtet, wie sie dem Sohn vom Obermelker der Agrargenossenschaft diese unbestritten städtische Trendsportart nahebrachte. Bleibt zu hoffen – um auch hier die beliebteste Einheitskommentar-Floskel anzubringen –, dass diese zarte Annäherung Früchte trägt und uns der Melker-Spross mit seines Papas altem Russentraktor bei der nächsten Heuernte hilft.

NO RISK, NO FUN

ODER WER EINSAM LEBT, KANN SCHNELLER STERBEN

ER: An einem der raren Tage, an denen das Postauto Einlass in das von den Schneemassen umschlossene Dorf fand, landete ein Schreiben unseres gesetzlichen Krankenversicherers im Briefkasten. Acht Euro monatlich wären fortan zu entrichten, stand dort unter dem orangenen Logo, damit man uns auch »zukünftig die Leistungen einer modernen Gesundheitsversorgung« und den »Zugang zu medizinischem Fortschritt« sichern kann.

Hohngelächter schüttelte Frau und Kinder ob dieser Dreistigkeit. Denn wer wie wir in den ländlichen Weiten des ostdeutschen Grenzlands sein karges Dasein fristet, darf froh sein, wenn er in Reichweite einer Tankfüllung überhaupt noch einen Arzt findet. Als die Bäuerin sich unlängst mit der fast erblindeten jüngsten Tochter nach zermürbender Fahrt über vereiste Straßen vor dem Tisch eines Allgemeinmediziners wiederfand, begann der erst einmal im Internet zu suchen, wofür ein eitrig verschmiertes Augenlid alles stehen kann. Zwei Stunden Fahrtzeit plus drei Stunden im Wartezimmer für das laute Vorlesen eines Wikipedia-Eintrags zum Thema »Bindehautentzündung«.

Ähnlich erging es dem Landmann selbst, als er im Sommer mit heftigen Schmerzen in der Brust vor einem betagten Schulmediziner stand. Der nämlich diagnostizierte nach einem kurzen Blick auf das EKG kühn einen Herzinfarkt und fragte dann, ob man nicht mit dem eigenen Auto in die Kreisstadt fahren könnte, um sich von der einzigen Kardiologin der Region die Hiobsbotschaft bestätigen zu lassen. Das ginge, sprach der weißhaarige Mediziner mit gesenkter Stimme, ohnehin schneller als mit dem Rettungswagen.

Von Todesängsten gepeinigt, saß ich 120 bange Warteminuten später vor der Spezialistin, die den vermeintlichen Herzinfarkt kurzerhand in einen Herzfehler umdeklarierte, für dessen Behandlung sie in einem Vierteljahr einen Termin frei hätte.

Okay, jeder hat ein Recht auf Irrtum, und es ist noch nie ein Meister vom Himmel gefallen und wenn doch, dann bestimmt nicht im weißen Kittel über den verwaisten Dörfern Vorpommerns. Die Gefahr, dass das Leben früher endet, ist nun einmal der Preis, den man als Stadtflüchtling für die Entschleunigung desselbigen bezahlt. Darüber zu jammern ziemt sich nicht.

Die Zecken, die sich beim Holzeinschlag in Arm oder Bein festbeißen, reißt man sich abends im Bad ohne viel Federlesen aus der Haut. Eine Dermatologin, mit deren Hilfe man der Sache eine größere Bedeutung abringen könnte, findet sich ohnehin nicht mehr im Kreisärzteregister.

Lediglich an Zahnärzten besteht kein Mangel. Aber das ist auch nicht verwunderlich, denn ähnlich wie die Vertreter der diversen Baugewerke profitieren auch sie noch immer von den Hinterlassenschaften der SED-Diktatur. Was auf dem Dach der Asbest war, sind in vielen Mündern der Ost-Generation 50 Plus Quecksilberlegierungen und PVC-Prothesen.

Während sich die Bevölkerung des Beitrittsgebiets in den ersten Jahren nach der Wiedervereinigung bemühte, in der Garage und auf dem heimischen Fernsehtisch Weststandard zu erreichen, rückte der eigene Mund erst Mitte der Neunziger ins Blickfeld der privaten Modernisierungsbemühungen. Beim ostdeutschen Landmann dauerte es etwas länger, da er sich nicht nur um ein neues Auto und ein Farbfernsehgerät zu kümmern, sondern auch noch ein ganzes Haus inklusive Heizung und Sanitärtrakt rundum zu erneuern hatte. Und dann galt es auch noch abzuwarten, bis genügend Stempel im Bonusheftchen klebten. Aber inzwischen haben auch die ostdeutschen Landbewohner angefangen, mit den Diktaturschäden in ihren Gebissen gründlich aufzuräumen.

Zwar gibt es noch immer einige wenige altgediente Zahnärzte, die Aufwand und Nutzen gegeneinander abwägen und einer 90-Jährigen nur auf Verlangen die ausgefallenen Mahl-, Schneide- und Vorderzähne durch überkronte Implantate ersetzen, aber in der Regel geht es in den Praxen nicht anders als beim benachbarten Neuwagenhändler zu. Alles, was an kostspieligen Extras zur Verfügung steht, wird – ohne groß zu fragen – auf die Standardausführung draufgeschlagen.

Doch klammert man die windigen Dentisten einmal aus, klafft auf dem Land eine unübersehbare medizinische Versorgungslücke. Ist es da nicht verständlich, dass uns als notorisch klammer Neubauernfamilie die Zornesröte ins Gesicht schießt, wenn wir jetzt unsere hart erarbeiteten Euros dafür hergeben müssen, dass hypochondrische Metropolenbewohner weiterhin mit ihren Hausschuhen von Spezialist zu Spezialist hüpfen können?

Zeckenfreier Wintervorrat

SIE: Obwohl ich als Neubäuerin mit einem großen Kräutergarten gegen allerlei Zipperlein gewappnet bin, muss auch ich zuweilen einen Arzt aufsuchen. Naturheilmittel schön und gut, aber bei Weitsichtigkeit – so viel ergab der Selbstversuch – helfen Möhren und Augentrost nicht wirklich.

In unserem Dorf findet sich ein entsprechender Experte natürlich nicht, also komme ich wieder einmal nicht um einen Kreisstadtbesuch herum. Das Baby im Gepäck, landen wir in der einzigen Augenarztpraxis der Stadt. Schlagartig sinkt mit unserem Eintritt das Patientendurchschnittsalter. Zwei Dutzend Senioren teilen sich halb so viele Wartezimmerstühle.

Das kann ja heiter werden, denke ich. Und schon geht's los: »Ah und oh, und wie süß die Kleine, so ein Wonneproppen. Eidideidi!«, zwitschert der Ruheständlerchor im Kanon. Genau! Wonneproppen! Sieben Kilo Niedlichkeitsspeck, der jetzt wie Blei an meinen Armen zieht. Deshalb stürze ich auf den einzigen freien Stuhl – direkt vor der Arzttür.

»Da dürfen Se sich nicht setzen«, herrscht mich sofort die Sprechstundenhilfe an und ringt sich eine umständliche Erklärung ab. Den in scharfem Ton vorgetragenen Worten entnehme ich, dass dieser Stuhl ein Vorrücker-Platz sei, den man nur einnehmen dürfe, wenn sie es sage, weil man von hier aus direkt auf den Eintritt bei der Frau Doktor warten müsse.

Aha, kein Babybonus in der überalterten Uckermark. Kein Ort nirgends für uns im Wartezimmer. Selbst die obligatorische Spielecke ist schon besetzt. Zwei hochbetagte Herren hocken auf den bunten Plastikstühlchen.

Hier tobt er also – der Krieg der Generationen. Die Rentnerschar verteidigt ihr Revier standhaft: Mag sein, junge Frau, signalisieren die urplötzlich vereisten Gesichter, Sie haben an Ihrem dicken Säugling schwer zu schleppen. Aber was ist das schon im Vergleich mit unserem grauen, grünen oder bislang noch unentdeckten Star.

Die Botschaft ist klar, denke ich und schleppe mich samt Deutschlands Zukunft wieder zur Tür hinaus. Mir bleibt nur die Hoffnung, dass es nicht mehr lange dauert, bis ich mir meine Gleitsichtbrille im Internet herunterladen kann.

Wie man sieht, ist die vermeintliche Beschaulichkeit des Landlebens nur ein Klischee, an dem bestenfalls ahnungslose Sonntags-Ausflügler festhalten können. Allein die zwei Dutzend Holzkreuze am Straßenrand auf meiner Pendlerstrecke gemahnen mich täglich an das Risiko, jederzeit von einem Fahranfänger mit Testosteron-Überschuss an den nächsten Alleebaum genagelt zu werden.

Aber auch wer sich nicht bewegt, kann dem Sensenmann auf dem Land des Öfteren bei der Arbeit zuschauen. Und das meint jetzt nicht nur die Grünen-Knollenblätterpilz-Opfer, die man in der schönen Herbstzeit reihenweise aus den Wäldern zieht. Nein, auch für den geschulten Landbewohner birgt die dörfliche Existenz leider jede Menge tödlicher Gefahren.

Erst neulich traf es den hiesigen Chef der Freiwilligen Feuerwehr, einen rüstigen Melker. Er musste sich im Kreiskrankenhaus wieder zusammenflicken lassen, nachdem ihn ein undisziplinierter Jungbulle im Stall von hinten aufgespießt hatte. Anderswo bezahlt man Leuten für solche Übungen

Unsummen. Doch unser Torero kassierte nur höhnische Bemerkungen von seiner Löschzugtruppe.

Nicht anders erging es dem Wartungsmann unserer biologischen Kleinkläranlage. Der alternative Quereinsteiger hatte zwar kein Publikum bei seiner Dienstausübung, erlitt aber ähnlich schwere Verletzungen bei einer Verpuffung. Schorfschrunden im Gesicht, ein bandagierter Arm und eine desolate Gesamterscheinung zeugen noch davon, als er zum vereinbarten Termin erscheint. »Bohrmaschine, Funkenflug, Faulgase, Explosion, Verschüttung«, stößt er die Stationen seines Leidensweges zwischen den von Brandblasen gezeichneten Lippen hervor. »Shit happens«, winkt er tapfer ab und steigt ungeachtet seiner Blessuren in unsere Grube. Möglich, dass der schwer gezeichnete Selbstständige sich keinen längeren Ausfall leisten kann. Vielleicht hilft ihm aber auch der unverzügliche Wiedereinstieg, die traumatischen Ereignisse rasch zu verarbeiten. Immerhin rät man landläufig jedem abgestürzten Reiter, sofort wieder aufs Pferd zu steigen, soweit dieser dazu noch in der Lage ist.

Für mich jedoch steht fest, für derartig halsbrecherische Einsätze – und ich denke dabei auch an unseren Experten für Baumbeschneidung, den Dachdecker oder Hufschmied – sollten wir künftig alle Notfalltelefonnummern griffbereit haben. Inklusive die des Bestattungshauses. Sicherheitshalber.

UND EWIG GRÜßT DAS MURMELTIER
ODER WAS TUN, WENN AUS
DER EUPHORIE ROUTINE WIRD

SIE: Die erst in diesem Sommer ins Dorf gezogene Junganwältin hat sich die Plasteförmchen zum Käsemachen geborgt. Das Verfallsdatum unseres tiefgekühlten Zickenlabs war längst abgelaufen, aber mit Thermometer, Rezepten und Mulltüchern konnte ich ihr weiterhelfen. Die Augen der Ex-Berlinerin leuchteten. »Mein erstes Mal«, gestand sie aufgeregt, »eigener Käse von glücklichen Ziegen!«

Dieses Hochgefühl, diese Vorfreude auf die ersten Nahrungsmittel aus eigener Produktion kenn ich sehr wohl: So cremig-zart hat nie wieder ein Frischkäse geschmeckt wie der, den ich vor fünf Jahren in mühsamer Handarbeit selber herstellte. Es gab ihn mit Knoblauchgeschmack, mit Bärlauch, mit Pfeffer und sogar mit einem Hauch von Meerrettich. Wir nahmen ihn mit Marmelade zum Frühstück, als Gleitmittel für Kartoffel- und Nudelaufläufe und natürlich als herzhaften Abendbrotbelag.

Für die Ziege und ihr Geißlein wurde der alte Werkzeugschuppen umgebaut, der Mann kaufte einen Weidezaun und ein halbes Dutzend Fachbücher. Nur als es ans Melken ging, musste er passen. Die Zitzen der Mutterziege waren viel zu klein für seine Hände. Wer hier im schnellen Tempo Milch pumpen wollte, durfte maximal Handschuhgröße 5 besitzen. Und das traf eigentlich nur auf die Hoferbin zu, die damals

Keine Lust zum Mosten

noch eine brave, tierliebende Sechstklässlerin war und sich freudig auf diese neue Aufgabe stürzte.

Fast vier Monate ging das so, aber dann hatte selbst sie die Nase voll. Nicht dass sie der morgendliche Melkdienst störte. Nein, es war der Duft der alten Geiß, der den ganzen Tag an ihr klebte und selbst engste Schulfreundinnen auf Distanz gehen ließ.

Ich dagegen besaß zwar genügend Parfüme, um den Gestank zu übertünchen, konnte den Ausfall unserer minderjährigen Magd aber trotzdem nicht kompensieren. Schließlich hatte ich schon in der Nachtschicht für die Käseproduktion zu sorgen. Ich musste die Milch in großen Töpfen zu einer klumpigen Masse verrühren und anschließend noch den ganzen Quark in Babys alten Baumwollwindeln für die Katzen unerreichbar zum Abtropfen aufhängen. Das ist selbst für eine enthusiasmierte Feierabendbäuerin auf Dauer zu viel.

Doch es gab noch jede Menge anderer Beschäftigungen, die den Reiz des Neuen in sich bargen. So folgte auf den ersten Kick bald schon der nächste. Die Saftphase, im schnellen Wechsel mit der Marmeladenphase. Im Frühjahr Holunderblüten, im Sommer Johannisbeeren, im Spätherbst die Quitten. Und jedes Mal ein neuer Glücksmoment: Hurra, die Selbstversorgung kann kommen! Tschüss, ALDI, PLUS und REWE, wir machen uns autark.

Doch auch hier ließ die Ernüchterung nicht lange auf sich warten. Sobald das gelungene Erststück in Serie ging, verblasste der Zauber des Anfangs, drohte die zeitraubende Heimarbeit zur lästigen Routine zu verkommen. Hab ich anfangs noch jeden Apfel liebevoll in den Jutesack gerollt, um anschließend mit mindestens 20 Zentnern zur nicht gewinnorientierten Kommune-Mosterei zu fahren, überlasse ich heute ohne schlechtes Gewissen das Obst gern auch mal den Pferden und Krähen. Schließlich ist für alle genug da, und die Hoferbin findet Muttis Apfelsaft ohnehin ungenießbar, weil er saurer ist als der im Tetrapack.

Oder verschimmelt – wie fünfzig Prozent des Jahrgangs 2009. Denn inzwischen hat auch die Unprofessionalität unserer mostenden Kommunarden leider ihre Schattenseiten offenbart. Mag sein, es gibt Arbeiten, die man mit bohemienhaftem Laisser-faire prima absolvieren kann, doch das Entkeimen gebrauchter Apfelsaftflaschen gehört bestimmt nicht dazu.

So kann es auch nicht verwundern, dass ich nach den mühevollen Anfangsjahren als Neusiedlerin fast dankbar bin, wenn die Ernte einmal ganz ausfällt. Wie in diesem Jahr, weil der Apfelspinner in Heerscharen unsere Obstbäume okkupierte. Ist es möglich, dass wir modernen Teilzeit-Selbstversorger der harten Landarbeit nicht wirklich gewachsen sind? Hat unsere Euphorie tatsächlich eine so geringe Halbwertzeit? Oder ist es vielleicht doch die Allgegenwart der Supermärkte, die mit Billigangeboten – selbst in der Bioecke – unsere ganze Plackerei zu einem unwirtschaftlichen Hobby degradiert?

Nein, wische ich die trübsinnigen Gedanken fort, dafür sind wir doch nicht der Stadt entflohen. Deshalb nehme ich mir fest vor, gleich morgen die alten Bienenstöcke zu entstauben. Die stehen nun auch schon zwei Jahre ungenutzt rum. Dabei hatte ich doch dem Chef des Imkervereins versprochen, bald als erstes weibliches Mitglied seinem lustigen Haufen beizutreten.

ER: Die Frau hat recht. So richtig hart wird das Landleben erst, wenn die Euphorie verflogen und eine Rückkehr in die kommoden Mauern der Stadt ohne Kapital- und Gesichtsverlust unmöglich geworden ist. Nach acht oder zehn Jahren etwa hat man so einen Punkt erreicht.

Selbst der grimmigste Winter, der heißeste Sommer oder der lausigste Frühling kann einen nicht mehr schocken – alles schon mal da gewesen. Aus dem aufregenden Aufbruch in die neue, dörfliche Welt ist Alltag geworden.

Schon ertappe ich mich dabei, den frisch geborenen Katzenbabys die Kosenamen ihrer Ururgroßmütter zu geben. Lulu, Mika, Mo – und was der Hoferbin noch so in den Sinn kam, als sie fünf, acht oder elf gewesen war und noch nicht am Abendbrottisch mit vollem Mund die hervorragenden Laufeigenschaften von acht Zentimeter hohen Absatzstiefeln pries.

»Katzen«, so hat der leider viel zu früh verstorbene Ernst Jünger einmal gesagt, »suchen die Gesellschaft des Einsamen.« Sie gehen dorthin, wo der Mensch »behaglich die Muße genießt, wo er Ideen nachhängt, dichtet, phantasiert und träumt«. Das kann ich nur unterschreiben, auch wenn ich gern gewusst hätte, wie es der Pour-le-Mérite-Träger in seinem schwäbischen Forsthaus mit dem Katzenklo hielt. Wir haben keins. Bei uns müssen die lieben Tiere ihre Notdurft im Freien verrichten und bekommen Hausverbot, sobald die

Temperaturen zur Schreibtischarbeit bei geschlossenem Fenster zwingen. Trotzdem halten sie dem Hof die Treue. Sie nächtigen zwischen den großen Heuballen in der Scheune und springen einem ohne Groll auf den Schoß, wenn man an lauen Sonntagnachmittagen seine Nase wieder in die Sonne hält.

Freilich wissen wir längst aus eigener, leidvoller Erfahrung, wie schnell so ein Katzenleben unter den breiten Reifen eines Erntefahrzeugs enden kann. Und natürlich kennen wir inzwischen auch die animalischen Urinstinkte unseres Hundes. Nie wieder würden wir heute auf die Idee verfallen, eine der tragisch verendeten kuscheligen Kätzchen in unserem Garten zur letzten Ruhe zu betten.

Bei uns war es damals nicht Maria Magdalena, sondern die Neubäuerin, die Miezis leeres Grab beim Verstecken der Ostergeschenke entdeckte. Und während ich noch versuchte, der erschrockenen Tochter den christlichen Auferstehungsmythos näherzubringen, zerrte meine angetraute Vollblutatheistin den Hund herbei, aus dessen Schnauze die halb verwesten Reste des Schmusekätzchens hingen.

An diesem Tag fiel nicht nur die Hoferbin vom Glauben ab, sondern auch die Trockenfuttermahlzeit für den Berner Sennenhund aus. Erziehung muss sein!

Ohnehin ist in unserem Verhältnis zum Getier mit den Jahren das Sentiment immer mehr dem dorfüblichen Pragmatismus gewichen.

Sollten wir noch einmal Ziegen kaufen, werde ich ihnen als Erstes ans Euter gehen. Und da kann das Fell noch so süß rotbraun-weiß gescheckt und kuschelig sein, wenn die Zitzen nicht mindestens Handballengröße besitzen, haben sie auf unserem Hof nichts verloren.

Und auch beim Pferdekauf steht künftig nicht mehr die Optik, sondern der Gebrauchswert im Vordergrund. Der schöne schwarze Wallach der Tochter ist ein Nervenbündel, das vor jeder Pfütze die Contenance verliert. Ein Schönwetterpferd, das sich vor keine Egge spannen lässt, geschweige denn einen reiferen Landmann wie mich gefahrlos befördern kann.

Musste er bislang auch nicht. Hatten wir doch bis vor Kurzem noch eine betagte Stute, die – halb blind und komplett taub – vor keinem Wildschwein scheute und selbst den unerfahrensten Reiter sicher durch Wald und Flur trug.

28 Jahre hatte das Pferd auf dem Buckel, bevor es sich an einem alten DDR-Betonpfahl rieb. »Jeder liefert jedem Qualität«, hieß es, als man das Ding in den frühen Achtzigern im VEB Betonwerk Luckenwalde goss. Die Lücke, die damals zwischen Wort und Tat klaffte, kostete unsere Stute nun das Leben. Denn augenscheinlich hatte der Pfahl dem Druck des Pferdekörpers nicht standgehalten und war in sich zusammengebrochen. Dabei muss sich ein Armierungseisen in den faltigen Stutenhals gebohrt haben. Da auch die Berliner Mauer ein Erzeugnis des VEB Betonwerk Luckenwalde war, liegt die Vermutung nahe, dass spätestens jetzt auch die DDR – ganz ohne friedlich-revolutionäres Zutun – wegen Materialermüdung auseinandergefallen wäre.

Doch zurück zum Gaul: 100 Euro kostete der Abtransport des an Ort und Stelle eingeschläferten Tieres. »Jetzt sind Sie auf dem Land angekommen«, sagte die herbeigerufene Tierärztin und drückte mir die Telefonnummer des Abdeckers in die Hand.

Zwei Tage nach dem Unglück kam ein Laster mit Seilwinde und zog die Stute auf seine Laderampe, wo bereits ein halbes Dutzend außerplanmäßig verstorbener Rinder und Schweine ihrer harrten. Jetzt sind wir beim Abdecker unter der Kundennummer 12493 registriert und dürfen uns – »wenn es denn sein muss« und »kostet aber extra« – auch am Wochenende bei ihm melden.

Das harte Brot der Autarkie

DIE MÜHEN DER EBENE
ODER SEX IST AUCH NICHT ALLES

ER: Aus unserem abenteuerlichen Aussteigertrip ist also – dafür gibt es leider kein passenderes Wort – längst Routine geworden. Ein Zustand, den man auch aus langjährigen Partnerschaften kennt. Dort beginnt an diesem Punkt dann in der Regel die nervenaufreibende Zeit der letzten großen Ausbruchsversuche.

Stadtpaaren stehen diesbezüglich natürlich alle Möglichkeiten offen: Mann oder Frau gehen einfach auf irgendeines der vielen Fisch-sucht-Fahrrad-, Speeddate- oder Blind-Date-Events und warten, bis jemand anbeißt. Mit etwas Glück findet sich vielleicht schon am ersten Abend ein gut aussehender Samariter, eine aufgeschlossene Samariterin, die einem hilft, seine eingeschlafene Libido zu revitalisieren. Aber machen wir uns nichts vor, Sex ist auch nicht alles. Und für gewöhnlich wacht man nach solchen Ausflügen in die Welt der Polygamie nicht mit freudig pochendem Herzen auf, sondern nur mit pelziger Zunge und brummendem Kopf. Mit ungeputzten Zähnen stürzt man an die Luft und wünscht sich reumütig in die vertraute Beziehung zurück.

Entweder es kommt zur Scheidung, oder beide versuchen bei einem Ü-40-Tanzkurs einen Neuanfang. Im Walzerschritt durch die Wechseljahre. Gern dürfen es auch Tango oder Salsa sein. Hauptsache, man macht wieder mal etwas gemeinsam.

Auf dem Land dagegen gibt es kaum Gelegenheiten für einen gezielt geplanten Seitensprung. Jedenfalls nicht, wenn man auf Diskretion und körperliche Unversehrtheit Wert legt. Hier gibt es keine Fische, die nach Fahrrädern fahnden. Und selbst wer im Internet blind auf Partnersuche geht, sollte tunlichst darauf achten, dass nicht zu einem Stelldichein in Postleitzahlregionen gebeten wird, die mit einer 16 oder 17 anfangen. Zu groß ist die Gefahr, dass er plötzlich bei Kerzenschein der eigenen Gattin, Tochter oder Schwiegermutter gegenübersitzt.

Kurzum, wer als Dörfler in einer handfesten Ehekrise steckt, kann ihr meist nur durch Flucht in die Fremde entkommen.

Angesichts dieses Dilemmas hat man sich in unserem überwiegend von Stadtflüchtlingen bewohnten Nachbardorf dazu entschlossen, die privaten Kümmernisse zu kollektivieren. In sogenannten Frauen- und Männergruppen macht man dort den Zustand der eigenen Beziehung jeden zweiten Mittwoch (Frauen) beziehungsweise Donnerstag (Männer) öffentlich. Diese Plauderrunden erfreuen sich regen Zulaufs, und angeblich sollen sie sogar schon geholfen haben, die eine oder andere schwer lädierte Paarbeziehung zu kitten.

Mag ja sein, dass der eine oder andere angesichts der herzerweichenden Leidensberichte der übrigen Gruppenteilnehmer seine eigene Beziehung in einem neuen Licht betrachtet, aber so richtig glauben kann ich daran nicht. Eher scheint mir der wahre Sinn dieser Zusammenkünfte im offenen Datenaustausch zu liegen: Jeder weiß hinterher über jeden alles und jede über jeden sowieso.

Ist einem der eigene Partner über, schaut man sich einfach in der Nachbarschaft um. Irgendwo kriselt es immer, ist eine Stelle als Lebensabschnittsbegleiter oder -begleiterin vakant.

Für die sitzen gelassenen Parteien ist das kein Drama. Dank der emotionalen Totalvernetzung finden sie meistens direkt zueinander oder ihr Glück im innerdörflichen Ringtausch.

Zwar liegt in der Nachbargemeinde die Trennungsrate über dem Landkreisdurchschnitt, aber im Gegensatz zu den übrigen Gemeinden findet dort eine scheidungsbedingte Abwanderung kaum statt. Und das ist gut so. Häuser müssen nicht zwangsversteigert, Kinder nicht gewaltsam von ihren Freunden getrennt werden. Im Gegenteil, auf dem großen Spielplatz des Dorfes geben sich die Kleinen gegenseitig Tipps, wie sie mit ihrem neuen Aufsichtspersonal klarkommen. War doch der neue Freund von Zoes Mama gestern noch der Vater von Alma, die heute mit dem Erzeuger ihrer besten Freundin am Abendbrottisch sitzt. Scheitern wird in unserem Nachbardorf also durchaus als Chance begriffen.

SIE: Im April erst hat es den armen Basti getroffen. Vor neun Jahren kam er mit der schönen Jana in unser Nachbardorf, und genauso lange schon bemühten sich die beiden gemeinsam, das alte Küsterhaus neben der großen Feldsteinkirche zu sanieren. Jahrelang investierten sie literweise Schweiß und das wenige Geld, das sie mit ihrem Kräuter-Versandhandel verdienten, um den maroden Lehmfachwerkbau in ein kuscheliges Feng-Shui-Nest zu verwandeln. Aber kaum waren die letzten Bio-Farbpigmente verteilt und der japanische Zimmerspringbrunnen in der Wohnstube aufgestellt, wussten die beiden nichts mehr miteinander anzufangen. Basti meinte, dass das an der Wasserader liegen würde, die sich unter ihrem Schlafzimmer lang zieht. Ich dagegen glaube, sie sind allem fernöstlichen Hokuspokus zum Trotz in die klassische Häuslebauer-Falle getappt: Solange man schuftet und bis zum Hals im Dreck steht, hat man weder Zeit noch Kraft, sich auf den Wecker zu gehen. Aber wehe, die Hütte ist fertig, die eigene Scholle blitzeblank gewienert. Dann nämlich fällt das im jahrelangen Kampf mit den Handwerkern geschulte Auge auf den eigenen Mann oder die eigene Frau. Und all die kleinen Macken, die einen vorher nicht störten, werden plötzlich riesengroß.

Während der Basti also noch mit der Wünschelrute durch Haus und Garten schlich, um sein Beziehungsproblem in Griff zu bekommen, war Jana längst zu der Meinung gelangt, dass der Josch aus Nummer sieben viel besser auf ihren Futon passen würde.

ER: Womit wir wieder beim Ausgangspunkt wären, denn mit wechselnden Partnern kann man der Tristesse des eingefahrenen Aussteigerdaseins natürlich auch entkommen.

Wem eine solche Methode allerdings aus konfessionellen Gründen zuwider ist oder wer seinen Partner partout nicht tauschen will oder kann, der muss nach anderen Wegen suchen, um der Agonie zu entkommen.

Und Trübsinn stellt sich schnell ein, wenn man die eigene Scholle erst einmal nach allen Regeln der Kunst blank gewienert hat.

Natürlich könnte man nun einfach so tun, als wüsste man nicht, dass alle sinnvollen Sanierungsarbeiten am Haus längst erledigt, alle Obstbäume fachgerecht beschnitten und alle Waldwege im 100-Kilometer-Radius bereits dreimal abgewandert wurden. Und bei vielen Stadtflüchtlingspaaren läuft es auch genau so: Er lässt die Seitenwände des Komposthaufens in Stahlbeton gießen, fliest den Hühnerstall und setzt ein Dutzend sündhaft teurer Kois in den Gartenteich, während sie für die Gartenstühle Patchwork-Kissen häkelt und ihre Liebe für Elfen aus Kunststeinguss entdeckt. Die ausgetretenen Wanderwege werden ein viertes Mal abgelaufen, nur diesmal mit Nordic-Walking-Stöcken.

Ein anderer möglicher Ausweg aus dem ländlichen Einerlei ist die Kapitulation. In unserem Dorf hat Familie Weber nach fast zehn Jahren Aussteigerdaseins die weiße Fahne gehisst. Eines Morgens fuhr ein Möbelwagen mit Berliner Nummernschild vor ihr Haus, und das Kapitel war abgeschlossen.

Wochen später lag ein langer Brief auf dem Tisch. Der gute Weber ließ uns darin wissen, wie »schön spannend«, »abwechslungsreich« und »kulturvoll« das Leben jetzt für ihn und die Seinen wäre. »Endlich Theater, Konzerte, Kino!«, schwärmte er in dem Schreiben, das auch die restlichen seiner in der Pampa verbliebenen Bekannten erhielten, ja sogar die Kinder könnten nun »wieder unbeschwert lachen«. Und natürlich, so Weber, sind Besucher in ihrer großen zentralbeheizten Jugendstilaltbauwohnung jederzeit willkommen.

»Das klingt, als hätte man die Ärmsten aus dem Knast oder den Fängen von Scientology befreit«, sagte die Bäuerin, als sie die Lektüre beendet hatte, und schüttelte den Kopf. Sorgenfalten gruben sich in ihr Gesicht, und ich ahnte, dass sie sich im Stillen fragte, wann wir die Hoferbin zum letzten Mal hatten lachen sehen.

»Die sind doch nur abgehauen, weil ihnen das Haus über dem Kopf zusammenzubrechen drohte«, versuchte ich die Gattin aufzumuntern. Hatten doch die neuen Besitzer der Weberschen Fachwerkimmobilie gerade erst einen emsig knabbernden Hausbock im Gebälk entdeckt.

Aber auch der das Nachbarhaus aushöhlende Schädling konnte die Stimmung der Gattin nicht heben. Mit ernster Stimme holte sie zu Grundsätzlichem aus: »Bist du eigentlich glücklich hier?«

Ich mag solche Fragen eigentlich nicht, aber diesmal hielt ich es für ratsam, heftig zu nicken: »Denk doch einmal an die vielen Jäger aus den westdeutschen Ballungszentren, die extra in unsere Wälder reisen, um sich hier auf einsam gelegenen Hochsitzen selbst zu entleiben. Da sieht man doch, wie krank die Stadt die Menschen macht.«

Mir war klar, dass ich jetzt schon große Geschütze auffahren musste. Ging es doch darum, die Saat des Zweifels, die Weber mit seinem Brief auf unseren gewachsten Küchenboden gestreut hatte, noch vor dem Aufkeimen auszureißen.

Also kramte ich zur mentalen Stärkung der Gattin aus meiner Hausapotheke ein Zitat des Heiligen Augustinus hervor: »Die Menschen gehen in die Ferne, um die Bergesgipfel zu betrachten, doch an sich selbst gehen sie vorbei.«

Um alle Missverständnisse auszuräumen, ließ ich sie wissen, dass damit nicht nur die Alpen, sondern auch Berliner

Reviere wie der Prenzlauer- oder der Kreuzberg gemeint sein dürften.

Aber die Frau winkte nur müde ab: »Ist schon gut, ich will ja gar nicht weg.« Und dann meldete sich auch schon die Hobbypsychologin in ihr zu Wort und meinte, dass die Farben, in denen der Ex-Nachbar sein neues großstädtisches Leben erstrahlen ließ, einfach viel zu bunt seien, um als echt durchzugehen. Sein Brief sollte, da wäre sie sich ziemlich sicher, nur das schlechte Gewissen verdecken: »Entweder trauert er seinem in mühevoller Handarbeit sanierten Fachwerkpalast nach, oder aber er fühlt sich mies, weil er Frau und Kindern fast zehn Jahre lang ohne Not ein freudloses Dasein im vorsibirischen Exil zugemutet hat.«

Die Hoferbin, inzwischen vom Schulbesuch in der Kreisstadt heimgekehrt und ob der neuen Berliner Übernachtungsmöglichkeit ganz begeistert, tippte auf Letzteres. Nur um uns dann zum hundertsten Mal zu erklären, dass auch sie dem dörflichen Gulag den Rücken kehren würde, sobald sie ihr Abitur nur endlich in der Tasche hätte. Und dabei grinste sie so breit, dass ich beschloss, diesen Gesichtsausdruck im Weberschen Sinne als Lachen durchgehen zu lassen.

Als das Kind weg war, setzten sich die Neubäuerin und ich auf die Gartenbank, stießen auf den Heiligen Augustinus an und versanken in uns selbst. Glücklich, dass sich keine Bergesgipfel zwischen uns und die Frühlingssonne schoben.

Ländliches Glück im Überfluss

»Was von Weitem aussieht wie eine
Idylle, ist in Wahrheit der verzweifelte
Versuch, ein winziges Stück Erde
aus dem großen Krieg gegen die Natur
herauszuhalten. Nicht die Flucht ins
kleine Glück also, sondern
Widersetzlichkeit, Partisanentum.«

JÜRGEN DAHL

PIPER. BÜCHER, ÜBER DIE MAN SPRICHT.

Über Landlust und Landfrust

»Die kleine Aussteigerfibel« ist pures-
Lesevergnügen für Stadtflüchtige. Sie
bietet humorvolle (Über)Lebenshilfe
aller Art und erklärt, wie nützlich der
Manufactum Katalog bei einer Mäuse-
plage sein kann und warum man beim
Dorftanz keinen Daiquiri bestellen sollte.

Piper Taschenbuch 6469
€ 8.95 (D) / € 9.20 (A) / sFr 14.50*
* unverbindliche Preisempfehlung

www.piper.de

EIN IRRGARTEN NAMENS FAMILIE

Stefan Schwarz
Ich kann nicht, wenn
die Katze zuschaut
Seitenstraßen Verlag
ISBN 978-3-937088-06-8
9,90 Euro

JEDE BEZIEHUNG HAT DAS ZEUG ZUR SATIRE

Die Familie ist das letzte Abenteuer der Menschheit, meint der Autor. Er kennt sich aus im Langzeitbeziehungsdeutsch und berichtet höchst amüsant von seinen Selbstbehauptungsversuchen als Mann, Vater und erwachsener Sohn.

»Absolut vergnüglich«   *(Freie Presse)*
»Da lacht das Publikum im innigen Einverständnis«
                                        (Deutschlandfunk)

seitenstraßen|verlag

NACHBEMERKUNG

Einige der hier veröffentlichten Texte sind in sehr viel kürzerer Form als Kolumne in der Zeitschrift DAS MAGAZIN beziehungsweise im »Inforadio« des Rundfunks Berlin-Brandenburg erschienen. Für sie wie für den gesamten Text gilt: Die Handlungen und alle handelnden Personen sind frei erfunden. Jegliche Ähnlichkeiten mit lebenden oder bereits verstorbenen Personen wären rein zufällig.

FÜR ALLE, DIE MEHR WOLLEN

André Meier ist Kolumnist der Zeitschrift

DAS MAGAZIN

Herausgegeben vom Seitenstraßen Verlag.
Monatszeitschrift mit Journalismus in Bestform.
Amüsant. Intelligent. Emotional.

WWW.DASMAGAZIN.DE